移動的世界史

世界史を「移民」で読み解く

從智人走出非洲到難民湧入歐洲
看人類的遷徙如何改變世界！

TAMAKI TOSHIAKI

玉木俊明——著　林巍翰——譯

「人の流れ」がわかれば、世界史がわかる！

目次

第十三章　世界史中的歐洲移民問題——221

・推薦序一・

選擇生命，往往需要更大的勇氣

Chinchen.h／旅遊作家

每年有數十萬名來自宏都拉斯、薩爾瓦多、瓜地馬拉等中南美洲的移民，或者，更該說是某種程度上的難民，以非法的方式東藏西躲地穿越數千里之長的墨西哥國境，踏上生死難測的險途，一路北行，試圖前往想望中奶與蜜的國度——美利堅合眾國。

二〇一四年，隨著非法移民數量逐年遞增，墨西哥政府在美國的授意下，頒布針對中南美洲非法移民的新移民保護政策，正式允許員警動用武力攻擊未具文件的移民，一時之間，黑白兩道對非法移民的劫掠與獵捕突地遠較以往猖獗氾濫。據統計，是年，約有四十多萬名中美洲人非法穿越墨西哥與瓜地馬拉邊界，進入墨西哥境內，試圖前往美國謀取新生活；其中，有七至八萬人被逮入獄、遣送回國，四萬人成功抵達臨美的墨西哥邊境城鎮，而高達三十萬人，不知所蹤。

薩爾瓦多、宏都拉斯、瓜地馬拉、委內瑞拉、尼加拉瓜等國的人民，基於歷史背景，長期飽受其國內幫派暴力、政治腐敗、經濟萎靡、毒品犯罪、高失業率等問題所苦。他們攜家帶眷，前仆後繼、不計代價地想辦法離開自己的家園，甚至一年兩次自發性籌組萬人大遷徙，自宏都拉斯一路浩蕩北行，叩關美國邊境，就地紮營索討人權。

猶記得，那年我在墨西哥難民營工作時的日子。

「麻煩幫我打避孕針，好嗎？」向來沉重的難民營醫護院裡，難得響起輕快的語調；來者是來自薩爾瓦多的寶拉。她有著一雙遍看炎涼、洞悉世故的黑眸，美麗沉靜，卻與她二十三歲的青春格格不入。「我知道，我這一路上用得著的。」她說。

世人追捧的美顏如花，在動盪的國度裡是無可承受的罪；寶拉的男友與父母家人因幫派分子對寶拉的覬覦而慘遭屠殺，從十七歲起，她便成了黑幫MS13的性奴，一次次地被當作物品轉贈、交易，歷經各式的暴力與侵犯。即使拚盡全力逃了出來，身無分文、孑然無依，甚至名列緝拿清單的她，也只能冒險前往夢想中的國度，豪賭一次生命的價值與意義。

而這座位在墨西哥南部瓦哈卡州的難民營，只不過相當於旅程的第一站，前方還有著來自黑白兩道的戕害與獵殺、美墨司法的威脅和搜捕、生理及環境的考驗與挑戰。長路漫漫，在這條死亡率和失蹤率高達七〇%的荒塚之途，強暴案件、打劫事故，簡直頻繁得不值一提。

這些移民們每個人心裡都埋藏著無數的辛酸苦楚，他們或是被迫亡命天涯、或是執意追尋穩定的生活，但都一樣背負著太多的人世滄桑，卻始終堅毅而天真地相信著生命的力量，固執且純粹地懷抱著對美國夢的想望，堅信講求正義與人權的美國會允以他們庇護資格，無懼千里。

「選擇生命，往往需要更大的勇氣。我很清楚我將要面對的是什麼，但這並不構成停下腳步的理由。」這是移民們所彰顯出來的價值；或許，正是這樣的勇氣與飛蛾撲火的決心，推動著一代代的人踏出腳步，追尋自我的理想國度。

自然，移民與難民並非僅限於當代的議題，而是人類歷史中的普遍現象，源於對平安、穩定、資源等生命繁衍所需的最基本而樸實的渴求；始自人類先祖出走非洲起，人類便一直隨著時間的發展與進程不斷地進行著遷移、分化、再遷移的循環。

在如今這個交通便捷、經貿網絡錯綜的時代，人口的流動早已不再受工具或環境的限制，並普遍以個人性的移動取代傳統上群族式的遷徙；國界亦從無到有，再到網際網路興起後的模糊狀態；而社會更是從民族社群到文化圈、民族國家再到全球化大熔爐；邊域一次又一次地在不同的世代背景下重新定義。在我們所擁有的機會更多了、選擇更豐富了、移動的意義也更開闊了的當下，人類該如何掌握自我，方不致在快速更迭的時代裡迷失？該如何應對全球化命題，方能不流於重利，而謹守人本價值？又該如何以全人類為整體，進行思考和決斷，方不負世代積累的努力，而能積極正向地順應環環相扣的未來？

心之所嚮；人類的歷史總是在心念之間，透過移動，一步一印地自藩籬中出走，走向挑戰、走向未知、走向生命的必然與開創。但願，我們能透過這本書，回望往昔，理解人類遷移的本質和意義，並以開放的姿態重新審視我們對歷史的認知。

• 推薦序二 •

一顆粽子帶來的文化衝擊

金老ㄕ／「故事」網站專欄作者

記得有一年端午節前夕，朋友說要辦一個粽子派對，所有參與者都要帶粽子前去赴約。我帶著老娘自己做的湖州粽參加，在交出粽子時瞬間成為全場焦點。

「金哲毅，你的粽子形狀怎麼不太一樣呀？」相較大部分人攜帶的北部粽、南部粽，我的湖州粽顯得特別大顆（這其實是因為我飯量大，所以老娘後來擴大尺寸，好滿足我的口腹之欲），而且還是長條狀，混在一堆台灣粽當中特別顯眼。

接下來是開吃時間，我的粽子又引起大家討論……不過卻是負評的那種。

「這個粽子怎麼濕濕稠稠的？手黏到了好噁心！」

「你家粽子怎麼只有米跟肉呀？這能吃嗎？」

「這味道……我不習慣。」

當我朋友一陣哭爹喊娘時，我自己也是充滿詫異：「原來你們沒吃過湖州粽？我可是從小吃到大呀。」

所謂湖州粽，源自中國浙江省的湖州，如果是甜粽，會裹紅豆沙餡；如果是鹹粽，則會在糯米中包一條半肥瘦的豬肉（我家還會加上一條百分之百的肥肉，有些人認為不健康，我卻覺得……真香）。相較台灣粽都是蒸熟，湖州粽是裹好生糯米後，直接丟入醬汁中悶煮，所以不像台灣粽的乾爽，湖州粽口感濕稠，一定要用筷子夾來吃。

其實在小學時和同學聊粽子時，我就曾經跑回家找老娘問：「別人說他們家的粽子有蛋黃還有香菇，我們家的怎麼沒有呢？」老娘則回答：「那是因為我們家的粽子，來的地方跟別人家不一樣，而且這個粽子可比他們的好吃多了。」後來我逐漸了解，老娘祖籍浙江，老家的菜隨著後人飄洋過海，如今在台灣繼續傳承。

小至一場粽子聚會，大夥兒對陌生文化尚且大驚小怪，那大至群族相處、資源利益分配、相異觀念碰撞，又會擦出什麼火花？這其中是絢爛還是煙硝？舊有的是延續還是消逝？

如此多的問題，都可以在歷史找到依據，因為人會靠著過往經驗為當下提供輔助，這也是歷史學對現今的人們帶來的價值之一。

網路上戲稱，當碰上認知混亂的情況時，人們通常會想：「我是誰？我在哪裡？」事實上，這樣的疑問也表明，我們都習慣定位好自己，以及確認自己在當下的狀況。而定位自己的其中的一種方式，是回憶及追溯自己甚至是先人的過往，因為人會想靠著過往經驗為當下提供輔助依據。所以我想，當有人必須遷往異地，在新住所想必會遇到種種的不適應，那他們是否也會時刻想著：「我是誰？我在哪裡？我又該怎麼辦呢？」

移民的疑問其實在我國社會尤其明顯，因為我國的歷史發展就是建立於一波波的移民潮。從最早的南島語族移動、大航海時代下的西方人、向海外打拚的漢人、殖民的日本人、戰亂來台的外省族群、全球化下的新住民……這些外來者挾帶自身文化，每一次都給這塊土地不小的衝擊，到如今，各族權形成各自的傳統、表現、堅持。這也不難理解，為何新的一〇八課綱中，「移民」成為歷史教育的新增議題，並且特別受到重視。

甚至「移民」的元素，也是許多影視作品韻味深長的原因。像是黑幫電影經典《教父》裡提到義大利移民在美國打拚的處境，而他們守衛鄉里的傳統文化，到了異鄉則成為地下秩序。漫威電影《黑豹》，則在開場就顯示非裔人士移民定居在美國後的困境。也由此可見：移民的痕跡無論在何處都存在，而且還是永不間斷的現在進行式。

那我們還等什麼呢？已經翻開書的各位想必已經先被書中主題引起興趣，那接下來就是閱讀內容，了解不同時空下的脈動。而我則重複一遍提醒：我們會在過往經驗中尋找到輔助。

最後一提，有一年，老娘依舊在端午節前包許多粽子。當我扒開其中一顆，驚喜地說：「咦？裡面怎麼有蛋黃？」老娘說：「我之前吃台灣粽，覺得加上蛋黃比較香，所以今年包兩種版本，一種傳統、一種加蛋黃。」說罷，老娘自己吃了一顆改良版本，然後說：「挺香的，下次可以加點香菇試試看。」

於是有幾年，我們家的粽子有湖州的外觀及煮法，內裡卻有台灣的餡料。雖然這只是一個平凡主婦的美食混搭，但往大處想，這不是移民在新住所糅合新舊體驗後的創舉嗎？這是原有文化的改變，還是原有文化用另一種形式接著延續呢？可說到這，我倒是想到一個傳承斷絕的嚴重問題，那就是……我不會做菜，老娘的手藝我是一樣都不會呀。

前言

人類生活的區域廣泛地分布在世界各地。溫帶這個相對適合居住的地區自不待言，從酷暑的沙漠（入夜後卻變得相當寒冷）到極寒的西伯利亞，甚至是亞馬遜的密林裡都有人煙，可以說世界上已經找不到沒有住人的地方了。當今連南極都可住人了。

在地球的歷史中，沒有一種生物能像人類一樣居住在如此多元的環境裡。就連曾經稱霸過地球上所有區域的恐龍，如果到今天還存在的話，最多也只能生活在熱帶或亞熱帶地區。人類對多元的環境有著令人感到驚奇的適應能力。

此外，人類還在住宅和衣物的避寒、保暖等方面下了不少功夫。但對於人類來說，最重要的應該是擁有「長距離移動的能力和手段」。而人類的歷史，就是利用這些能力和手段，前往更遠的地方，開拓更多領地的過程。

本書是以「移民」的觀點來解讀世界史的著作。

從狹義上來定義「移民」一詞的話，它所指的是根據本人的意願，將生活圈移至國外的人。但在本書中，「移民」一詞的使用範圍則更為廣泛。

本書內文中的移民指的是「移動的人們」，並將從他們的視角來看歷史。如同前面提到的，能夠「長距離移動的能力和手段」，才是人類有別於其他生物之處。

雖然用旅程來比喻人類的歷史已經不新鮮了，然而這種說法或許真的抓住了人類歷史的本質。歷史正是由這群「移動的人們」，透過一步一腳印的方式給走出來的。

當今世上，就拿二〇一五年來說，有超過一百萬的「移民」經由地中海和歐洲東南部前往歐洲。最近，以商隊移動方式從中美往美國國境移動的大量「移民」，更是備受矚目。

人們從發展中國家或戰爭頻仍的地區，移居到物質生活豐富的已開發國家，是一種必然情況。但是目前，歐陸各國和美國等生活優渥的國家，對於接受沒有特定工作和專業技術在身的外國人，採取謹慎的態度。

在歐美國家中，不乏希望政府嚴加控管移民的聲音。因此這些想要移居的人們改以「難民」的身分，利用特殊的管道，試圖進入歐美國家，如此種種衍生出不少棘手的問題。

目前日本也同樣面臨著勞動力短缺和外國技能勞動者的問題，政府業已正式討論移民政策。本書雖然無法給出解決問題的處方，但想告訴讀者，「移民」現象並非只出現於現代社會，而是人類歷史中的普遍情形。如果沒有這樣的認知，就遑論對移民問題提出解決對策了。

這裡我要特別指出，歷史上，「移民」絕非僅是為了追求個人的利益或目的而移居他處。自古以來有許多人是因為受到戰爭影響、政治迫害，甚至以奴隸的方式成為「移民」。

這些人雖然遍嘗艱辛，但也同時將自己所擁有的技術和文化傳播到移居地，為當地社會貢獻出新的變革。世界史正是由這些「移民」們的積累所形成。

移動方法的多樣性也值得注意。從徒步行走到利用馬、駱駝等動物，進而使用船隻。隨著船隻大型化以後，帆船和蒸汽船相繼粉墨登場。火車、汽車和飛機的發明，更讓移動的速度和距離發生飛躍性的成長。

如果能用「移動的人＝移民」的觀點來看世界史，就可以理解人類是如何創造和傳播文明，同時清楚認識到，世界是怎麼樣邁向一個整體的過程。

接著更進一步去探索，在上述的過程中所發生的問題，以及這些問題是以什麼樣的形式成為當代世界性問題的源頭。

本書希望透過人類移動的觀點，讓讀者們能以長期的視野來觀看歷史和當代社會。

第一部

何謂人類民族的「大移動」？

第一章　文明是如何傳播的？

誰是「世界上最早的移民」？

目前所知最古老的人類是距今七百萬年前，生活在非洲中北部的查德沙赫人（Sahelanthropus tchadensis，或稱為查德人猿）。人類在非洲不斷進化，其後部分的直立人（Homo erectus）移動到歐亞大陸，從時間上來看，約是在兩百至一百萬年前的事。

當我們使用「走出非洲」一詞時，通常是指目前地球上人類的祖先智人（Homo sapiens）的兩次大移動。因此，或許我們可以把直立人的移動視為「走出非洲」的前奏。

關於人類為什麼要走出非洲，大部分的研究雖然將可能性指向非洲的寒冷化，然而真正的原因依舊不明。因為其中應該也有移動至比非洲更寒冷區域的人類。

直立人的分布範圍相當遼闊，其範圍從東非到地中海沿岸的中東，從波斯灣到印度、印度支那、印尼和中國的遼東半島沿岸地區。正因如此，直立人才是真正的「世界上最初的移民」。

雖然直立人曾經移居到歐亞大陸上好幾個不同的區域，但他們卻沒有在當地各自走上進化一途，最後反而全部滅絕了。或許直立人是亡於智人之手也說不定。

由上述可知，直立人並非我們的直系祖先。然而直立人體內能夠進行長距離移動和移居他地的基因，卻在智人身上保留了下來。

從這裡開始，我將和各位讀者一起進入世界史的堂奧。

六大文明的誕生

一般認為，智人（現在的人類）曾經兩度走出非洲。第一次約在十五至十萬年前，第二次約在七至五萬年前。

關於智人走出非洲的原因至今依然不明，雖然有人提出食物不足的說法作為解釋，可是只因為吃不飽就要離開非洲的觀點實在難以服眾。或許盡可能在多樣的地區生活，是由生物本能所驅使，為確保物種存續做出的理想手段也說不定。

但無論怎麼說，走出非洲的智人其實只是族群全體中的一部分而已。然而重要的正是因為這「部分群體」的移動，大大地改變了人類和全體生物的歷史，以至於地球的環境。

智人的移動持續了數萬年之久，稱其為「移民」可謂當之無愧。可是他們終究找到了定居下來的地方，並開始在當地生活。人類史上的六大文明，就是在這樣的基礎上建立起來的。

美索不達米亞、埃及、印度河、黃河、長江、古代美洲文明這六大文明，是由「定居的人們（定住民）」所創造出來的。

行文至此，我希望讀者們暫時合起書本來思考一下。我們是不是經常先入為主地認為，文明一定是由定住民所建立起來的呢？這種看法禁得起考驗嗎？

其實在文明的發展和傳播上，「移動的人們（移民）」是不可或缺的存在。

在由定住民建立起來的文明圈之內，也有從其他地區移入的族群，而本來定居於此的人群也會向不同的地域遷徙，進而將該文明的價值傳播出去。經由不斷重複上述的過程，文明圈的範圍也因此向外擴張。或許人類從誕生以來就是利用這樣的方式，讓居住地呈現爆炸性的成長。

原本定住民在過去也是從其他地方移居至此處的人群。也就是說，「走出非洲」其實是一群離開非洲的人類在移動的過程中，不斷在各地定住下來的連續過程。而曾經定住下來的人們，也會在不同的地區之間穿梭移動。

因此我們不能忘記，就算是在六大文明誕生並持續發展的過程中，走出非洲也不曾中斷，比如人類從東南亞向太平洋地區持續不斷的移動就是一例。這意味著受過六大文明洗禮的人們，作為走出非洲全體的一部分，在遠渡重洋後抵達了太平洋上星羅棋布的島嶼。關於這一部分，我將在下一章做更詳細的論述。

聯繫文明的「移民」

關於文明的傳播，我想舉美索不達米亞為例，更具體的來做說明。

美索不達米亞文明是公認世界上最古老的文明，車輪的發明及釀造葡萄酒和啤酒的技術等都出自該文明。雖然將這些了不起的發明和發現傳播到其他地區，看起來是多麼理所當然的事，但前提是要有認同這些事物的價值、負責傳遞文化的人，以及願意接受這些事物的人們。

眾所周知，美索不達米亞文明對印度河流域文明產生過深刻的影響。過去這兩種文明曾透過陸上和海上兩種交通方式來進行貿易。

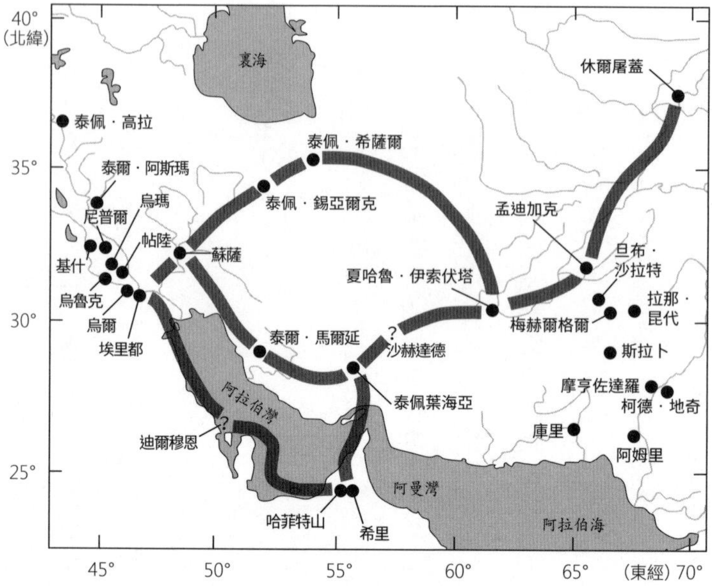

圖1.1　原埃蘭文明的物流網路

出處：上圖根據《在美索不達米亞和印度河之間——未知的海洋古代文明》（暫譯）（後藤健，筑摩書房，2015年，頁43）的內容繪製而成。

在亞述帝國於七世紀前半葉統一了美索不達米亞和埃及兩地後，一個東方世界於焉誕生。這個結果讓埃及也納入貿易範圍之內。

走筆至此，我們會碰到一個問題，那就是究竟美索不達米亞文明和東方文明及印度河流域文明之間，是如何進行貿易的？

面對這個疑問時，我將目光放在貿易的中間

人（仲介）上。這群人是埃蘭（Elam）王國的子民，生活在伊朗的札格洛斯山脈（Zagros Mountains）一帶。研究印度河流域文明起源的著名學者後藤健稱這群人所屬的文明為埃蘭文明，後藤認為他們在古代中、近東地區的貿易活動中，扮演了重要的角色。

例如在兩河流域地區和埃及，就發現過印度河流域著名的礦產——青金岩（lapis lazuli），就連圖坦卡門國王的面具上都鑲嵌著這種礦石。後藤認為正是埃蘭商人們運送了這些物資。

埃蘭人居住的地區雖然並不適合從事農業，但卻受惠於豐富的石材、木材和寶石等天然資源。因此他們將這些資源當作商品，和美索不達米亞地區的蘇美人進行交易，進而繁榮起來。

埃蘭人透過在不同的文明間運送商品，從中獲得巨大的利益，這樣的行為當然也促成了文明的傳播。換個角度來說，人類在定居之後若想擴散其文明的範圍，穿梭於不同文明之間的「移民」就會扮演起重要的角色。

不存在的「王道」

埃蘭人在移動過程中所使用的道路，應該是承襲過去智人走出非洲時的舊道。埃蘭人為了能經常使用這條道路，想必對其進行過整理與維護。

之後這條道路繼續為波斯的阿契美尼德王朝所用，成為其境內的交通要道。大流士一世在位時，從伊朗高原上的蘇薩（Susa）到小亞細亞的薩第斯（Sardis）之間，阿契美尼德王朝建設了一條稱為「王道」的交通幹道。

雖然主流的歷史觀點認為，「王道」乃阿契美尼德王朝憑一己之力所打造出來的，但比較合理的解釋應該為，「王道」是阿契美尼德王朝在人類走出非洲以及埃蘭人使用過的道路基礎上，進一步擴大其規模後所形成的。

之後我會在第三章中提到，上述這條「王道」同時也是古希臘（馬其頓）的亞歷山大大帝率領軍隊消滅阿契美尼德王朝，以及挺進印度河時所使用過的道路。

亞歷山大大帝雖然是世界史上家喻戶曉的英雄人物，但其實他的足跡所到之處，幾乎全在阿契美尼德王朝（波斯）境內，絕非荒煙蔓草，無「路」可行的地方。

我們很容易無意識地在腦中將亞歷山大大帝的遠征軍，想像成前往人跡未至之地開疆拓土。然而，大帝的遠征之所以能夠完成，其實有賴人類從走出非洲、以至埃蘭人和阿契美尼德王朝對交通道路持續的擴大經營。

古埃及和腓尼基人

本章選擇從人類走出非洲時開始說起，其實是有理由的。

一般人往往有一種錯誤的認知，相信歷史是由一些具有非凡才華和能力的個人所推動的。然而正如上述「王道」的例子所見，歷史的進程其實是由先民一步一腳印走出來的。

文明也是透過先民一點一滴的傳播而發展起來的。例如我在之後會提到，古埃及文明是透過腓尼基人，在地中海的不同地區從事商貿活動時所傳播開來的。

而腓尼基人所使用過的道路，之後由古羅馬人、中世紀的穆斯林商人、義大利商人以及近世的法國商人，以至於從北歐地區過來的英國商人、荷蘭商人、瑞典商人等，在進行商貿活動時繼承下來，成為歐洲繁榮發展的基石。

回到和走出非洲相關的話題上。古代東方文明被認為已經有和位於非洲東北部的努比亞（Nubia）進行商業活動的可能性。或許當時這些商業活動所使用的道路，正是人類走出非洲時所走出來的。

此外，走出非洲的途徑可不只陸上而已，還有海上的移動方式。海洋上的移動方式，讓人類的腳步不只局限於非洲、歐洲和亞洲，還讓移居到太平洋島嶼上成為可能。

此外，穿越白令海峽（冰河時期為「地峽」），縱貫南北美大陸的人類所使用過的道路，經過發展後即成為之後美洲大陸的商貿路線。

無論如何，人類正是在開拓陸、海兩方道路的同時，不斷擴散到世界各地。

下一章將聚焦在海洋的路徑上，繼續和讀者們一起探討這個議題。

第二章　橫渡太平洋的人們

利用海洋路徑開始移動

人類的歷史從走出非洲到六大文明成立為止的要角，主要是利用陸上路徑的「移民」。但其中有些人則是使用海上路徑離開非洲的。其中又以橫渡太平洋的那群人最為重要。太平洋非常遼闊，總面積超過一億六千五百萬平方公里，相當於地球面積的三分之一。

想要跨越太平洋實現移居，需要花費相當漫長的時間。相對於人類到達南美大陸最南端的時間約在一萬一千年前，踏上太平洋復活節島的時間約在一千五百年前。

從七至五萬年前開始的走出非洲，如果包含海上路徑的移動在內，直到距今一千五百年前才總算是畫下了句點。

說到橫渡太平洋的人類，首先要提到的是移居到太平洋中星羅棋布的島嶼上的人們。東南亞位於赤道附近，是高溫高濕的地區。人類從這裡開始，分兩次向大洋洲遷徙。

首次移動約發生於五萬年前，人類進入到「東南亞諸島」和圖2.1上的莎湖陸棚（涵蓋了現在的澳洲大陸和紐幾內亞島等地）。上述的移動主要是經由陸上路徑完成的。

在距今兩萬兩千至一萬五千年前的冰河時代，海平面比現在大約低了一百公尺，那時東南亞諸島大部分的區域形成一

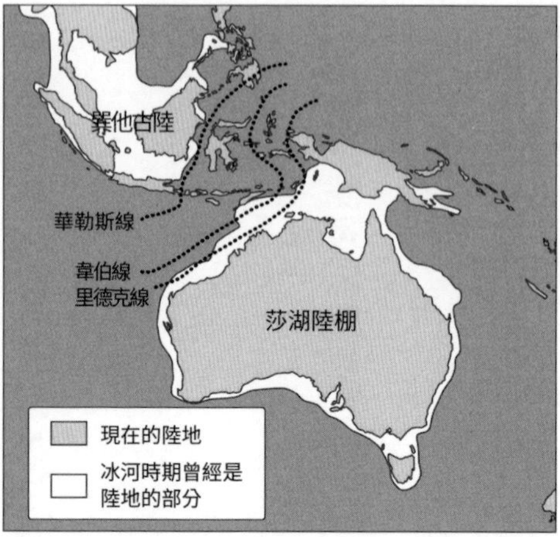

圖2.1　巽他古陸和莎湖陸棚

塊被稱作巽他古陸的大陸棚。

事實上，巽他古陸和莎湖陸棚之間從來沒有相連在一起，兩者之間隔著幾道深深的海溝。因此在這個地區移動，都必須用到船隻。

然而關於當時人類使用船隻的相關細節，至今仍如五里迷霧讓人摸不著頭緒。

航海者建立的島嶼網絡

第二次移動時人類兵分兩路，分別從赤道的南、北兩側朝東方前進，並擴散至大洋洲全境。人類從東南亞諸島開始往紐幾內亞的洋面上移動，進一步移居到夏威夷、復活節島，甚至遠達紐西蘭。

這些移動的人們，當時仍是新石器時代從事農耕的農民。他們將稱為拉皮塔（Lapita）的土器、栽培植物和家畜等裝進船內，利用舷外浮桿獨木舟（outrigger canoe，特色是船體為刨空的圓木，並在船體單側裝有助於漂浮的材料）來進行移動。

這群人的子孫——玻里尼西亞人（使用南島語言的蒙古人種）也會使用雙體船（Catamaran，特色是將兩個船體利用甲板以平行固定的方式連結在一起）來移動，因此可以航行到距離更遙遠的太平洋島嶼定居。

當然，除了選擇定居的人之外，也有不斷穿梭於島嶼之間的人，他們持續維持著移動的狀態。這群人只要一發現新的海島，就會藉由熟稔的在不同島嶼之間移動的方式，強化島嶼之間的連帶網絡。

能夠做到這件事，顯示出這群人已經掌握了如何在面對逆風的盛行風（特定風向出現頻率最高的風）時，依然能安全航海的技術。此外，他們還能巧妙地利用各種不同的天候，進行長時間的航海。從上述內容可知，玻里尼西亞人真不愧是優秀的航海家。人類之所以能夠擴及到全球各個角落，除了在陸地上之外，還需要開發出能在海面上自由移動的方法才行。

玻里尼西亞人的雙體船

當人類從一座島嶼移動到另一座島嶼時，也會在其中大部分的島嶼上定居下來。因此，島嶼和島嶼之間絕對不是相互孤立的，而是透過「移民」的網絡，彼此連結在一起。這也是為什麼太平洋諸島能夠在某個程度上，保有文化層面的一體性。

海上文明傳播的構造和陸上其實極其相似，一定有一群將定居者連結起來的移動者。透過移動的人們把不同文明（也可以是規模更小的不同文化）相互結合，進而在構造上形成一個更大的文明（文化）圈。

「定居」絕對不是人類的唯一選項，「移居」也是不少人的選擇。而且兩者之間絕非風馬牛不相及的兩個群體。在一群人從某個區域移動到另一個區域的過程中，部分人會繼續移動下去，另一部分則會在當地定居下來。選擇繼續移動的那群人終有一天會定居下來，而原本選擇定居的人們，也將在某個時間點離開腳下這片土地。

在確立了上述兩種型態後，人類的群體開始擴散開來。就算是在沒有陸地相連之處，人類還是可以將手上握有的技術和文化移植到其他地區，文明圈之間的紐帶也得以維持。

是誰締造了古代美洲文明？

移動到美洲大陸的人們，是橫渡太平洋那群人中的一部分。目前的研究顯示，在三萬五千年前，人類已經透過白令海峽的海上路徑，抵達北美洲。

這群人為了縱貫整個美洲大陸，就必須穿越洛磯山脈、西馬德雷山脈（Sierra Madre，從墨西哥的西北方向東南方延展的大山脈）、安地斯山脈等崇山峻嶺，整個過程的困難程度令人難以想像。

人類就在上述遷徙的過程中逐漸在美洲大陸各地定居下來，然而這些定居地並非全部都是平地。美洲大陸的地勢因為南北狹長，所以區內涵蓋了從連樹都難以生長的極寒之地到高濕的熱帶地區，以及像亞馬遜這類的原始森林和沙漠地帶。因此人類被迫在多樣的環境下生活。

不知道是否因受限於環境條件，如同圖2.2所示，美洲的古代文明幾乎集中於現在的中美地區。其他可以見到文明之處，就只剩下安地斯山脈了。

這的確是一個有趣的現象，古代美洲文明的成立和舊大陸的半乾燥地區，面對大河所產生的文明，呈現出不同的風貌。美洲的文明在熱帶雨林、熱帶莽原氣候和針葉樹林帶等，沒有面向大河的不利環境中，依舊綻放出文明的光彩。

一般認為，文明誕生於大河流域內。如果這個說法是正確的話，亞馬遜河流

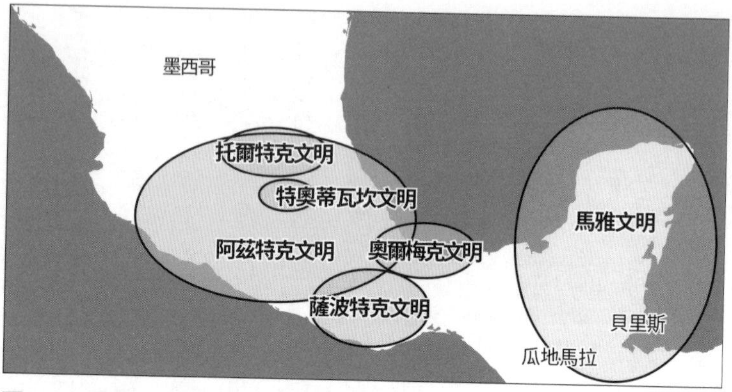

圖2.2　集中在中美的古代美洲文明

域的熱帶雨林就不該出現文明，而位在阿根廷的拉布拉他河（La Plata River）沿岸地帶會產生文明，也不讓人感到意外。從上述內容可以得知，古代美洲文明成立的方式，和其他文明圈大相逕庭。

基於同樣的原因，美洲大陸的作物也和非洲及歐亞大陸上的大不相同。例如原產於安地斯山脈的馬鈴薯，在西元前一萬年左右開始進行人為栽培。

阿茲特克文明的人會將馬鈴薯乾燥後，以「馬鈴薯乾」（chuño）的型態貯存起來。能夠將馬鈴薯作為儲糧加以活用，才能在嚴酷的環境下延續文明。

馬鈴薯傳入歐洲後，特別是在三十年戰爭（一六一八—一六四八）期間，於德國境內的栽培面積不斷擴大。原因是，就算農地遭受戰火蹂躪也能有收成。

除此之外，像番茄、玉米和木薯等原產於美洲大陸的食物，在日後被帶進歐洲後，也為促進世界人口的增加做出了巨大的貢獻。

登陸日本列島

從台灣向琉球移動的人們，也可視為橫渡太平洋那群人中的一分子。從台灣到九州之間約有一百多座島嶼，這些島嶼被稱為琉球諸島，全長達到一千兩百公里。

研究人類進化的學者海部陽介表示，一九六〇至一九七〇年間，在沖繩港川裂縫中所發現的人骨，被命名為港川人。港川人和爪哇島上的挖甲人（Wadjak Man）相當接近，而挖甲人又和澳洲原住民（Aborigine）是極為相似的群體。

從港川人和挖甲人之間的相近程度可以推測，港川人和從東南亞出發移動到太平洋諸島的人們，應屬於同一個群體。

海部陽介指出，人類抵達日本列島的時間，約是在三萬數千年前。

學界一般認為，智人經由三條路徑前往日本。第一條是冰河時期的歐亞大陸陸上路徑。利用這條路徑的人們從歐亞大陸的東端通過庫頁島，向南移動到北海道。

第二條路徑從朝鮮半島跨越對馬海峽抵達九州。這條路徑在冰河時期並非全為陸路，途中橫亙著寬約四十公里的海峽。當時的人類應該是利用獸皮製成的皮艇（kayak）來完成橫渡的。

第三條路徑從台灣向琉球諸島移動，最後抵達九州。就如我前面說過的，從台灣利用海上路徑移動的人們，有部分的特徵和澳洲原住民相似。

澳洲原住民和日本人相當可能擁有共同的祖先。這些人製作造型相似的船隻，在海島之間穿梭移動，最後來到了日本，這種論點並無可議之處。到目前為止，學界的研究主要集中在第一和第二路徑上，而現在重新檢視第三路徑的研究正方興未艾。

如果研究繼續推進，對於日本的遠古歷史領域必定可以開創出一個新的局面；而新的學術成果，也將為海上路徑的人類移動史提供更多詮釋材料。今後的研究成果讓人拭目以待。

第三章　是誰建立了歐洲文明？

希臘文明不過是東方文明的一部分

歐洲人將古希臘和古羅馬合稱為「古典古代」，並學習被視為重要古典語言的古希臘文和拉丁文。正因如此，歐洲人把「希臘文明」和承繼在其之後的「羅馬文明」看作歐洲文明的源頭。

普遍認為民主主義在古希臘時代就已經發展出來了。確實，古希臘時期民間會召開會議，成年男性也進行直接選舉。但我們也不能忘記，當時的社會中還有奴隸的存在，且女性也沒有參政的權利。

法國著名的歐洲中世史學家雅克・勒高夫（Jacques Le Goff）曾在著作中寫

道：「若論希臘的遺產，就得提民主主義（由人民進行統治）、都市國家的公民在法律前平等，以及對於公平參與公共事務的冀求。」（《說給孩子聽的歐洲史》〔暫譯〕，前田耕作監譯，川崎萬里翻譯，筑摩學藝文庫，二〇〇九年，頁四四）。勒高夫對古希臘的評價可謂言過其實了。

真要深究的話，古希臘是否能視為歐洲還是個備受爭議的問題。西元前三千年左右，愛琴海周邊地區受到東方文明的影響，形成了青銅器文明，此即古希臘最古老的愛琴文明。

愛琴文明透過和東方地區的海上貿易，逐漸形成一個文明圈。因此可以說，在愛琴文明之後成立的希臘文明，同樣也受到東方文明的影響。

其實希臘文明充其量只能看作形成於東方文明西部的一個旁支。因此說到歐洲文明的起源，比起希臘文明，東方文明才是正確的說法。

積極建設殖民城市的理由

眾所周知，希臘時代開始出現城邦國家（polis）。雖然城邦國家之間彼此也有衝突對立，但它們皆擁有文化上的共同性（一體感）。

城邦之間使用希臘語作為共通語言，信仰相同的神祇，稱自己為Hellenes（希臘人，意為英雄海倫的子孫），輕蔑的稱呼其他民族為Barbarian（野蠻人）。而且只有擁有希臘人血統者可以舉辦奧林匹克（奧林匹亞的祭典）。或許從這些地方都可以看出，當時希臘城邦的居民具有相當排他的「選民意識」。

此外希臘人還相當積極建立殖民城市（圖3.1）。殖民城市是由殖民者所建立的城市，而建設城市則為一種移民政策。希臘人建設殖民城市的其中一個理由，源自於國內缺乏穀物等生活所需的物資，必須從國外補充。

其中著名的殖民城市有馬賽、拿坡里和西西里島上的敘拉古，以及面對愛琴海的米利都、拜占庭（伊斯坦堡）等。

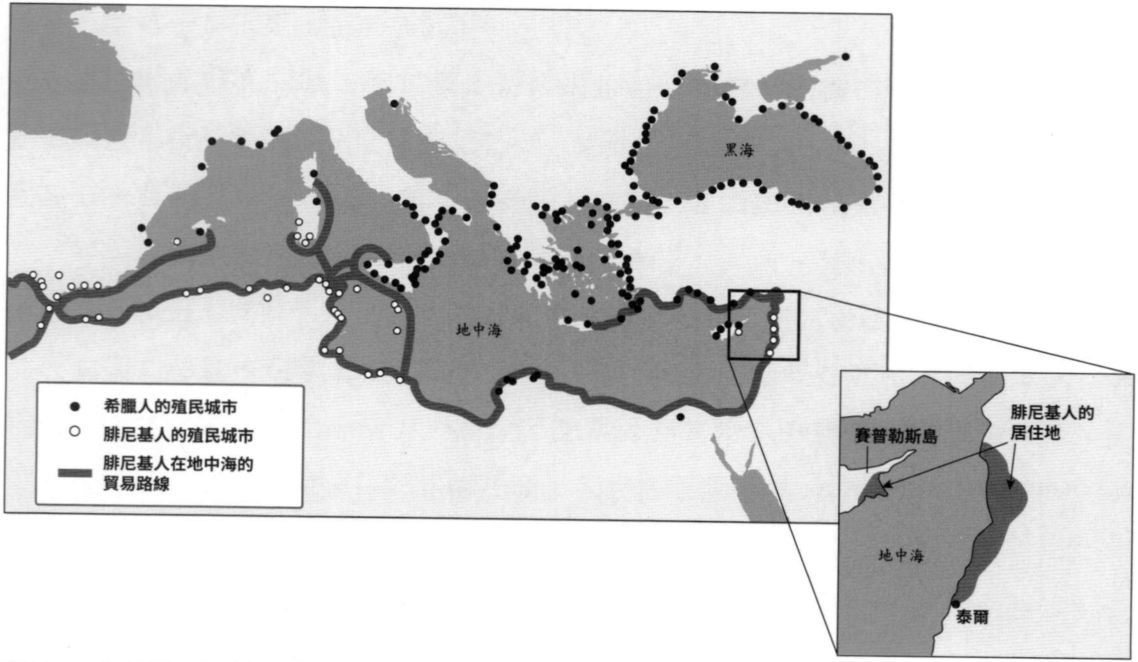

圖3.1　古希臘、腓尼基的殖民城市和腓尼基人的貿易路線

希臘地區個別的城邦規模雖然很小，但在擁有大量殖民城市後即形成了一個「帝國」。而波希戰爭的爆發，則是建設殖民城市這類帝國主義活動的開端。

希臘真的打贏了波希戰爭嗎？

關於波希戰爭的基本史料，主要來自有「歷史之父」美名的希羅多德筆下。希羅多德將波希戰爭視為一場「希臘城邦為了捍衛自由，和採取專制政治的阿契美尼德王朝之間的戰爭」。

然而當今仍持這種觀點的史學家已非主流。今天占據史學界的主流觀點認為，波希戰爭是希臘和波斯的阿契美尼德王朝，這兩個帝國主義勢力之間的爭鬥。

阿契美尼德王朝如圖3.2所示，是一個幅員從巴爾幹半島橫跨到印度河的大帝國。對阿契美尼德王朝來說，雅典等希臘城邦去馳援位於愛奧尼亞地方（安那托

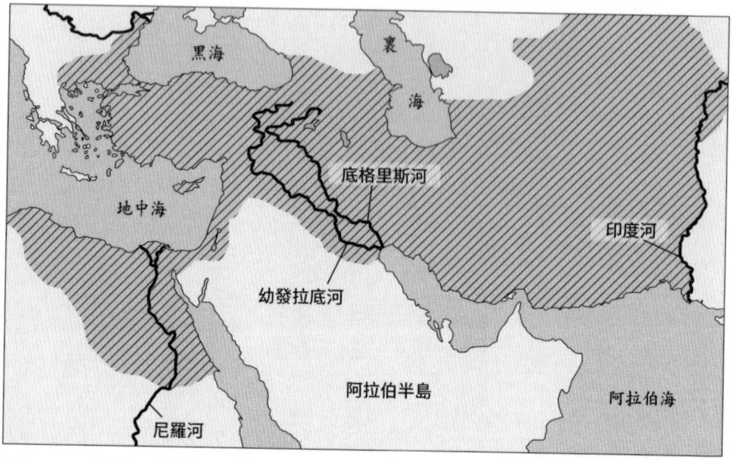

圖3.2　波斯阿契美尼德王朝的領土

利亞半島西南部）希臘人殖民城市發生的叛亂，才是波希戰爭爆發的導火線。

從希臘的觀點來看，由雅典市民軍組成的重裝步兵，在民主政治強大的向心力之下團結在一起。從西元前四九〇年的馬拉松戰役，到西元前四八〇年發生的希臘聯合軍於薩拉米斯的海戰，以至於西元前四七九年的普拉提亞戰役中，他們無不所戰皆捷，擊敗波斯大軍。

然而若是從波斯的阿契美尼德這個大帝國的角度來看，波希戰爭與其說是一場大型戰役，或許充其量只能說是場局部戰爭程度的小事件。而且至今仍沒有明確的史料能證明，波斯和希臘之間是否訂立過和平條約。

一般來說，兩個戰爭中的國家若沒有締結和平條約，或者交戰雙方中的其中一方沒有打到亡國為止，戰爭都不能算是畫下明確的休止符。

普遍認為波希戰爭以西元前四四九年時簽定的卡里阿斯和約（Peace of Callias）為準，由希臘方的勝利告終。可是根據當代的研究指出，歷史上波希雙方是否簽過這個和約都還存有爭議。

也就是說，希臘果真勝利了嗎？或者說波斯對這場戰爭的重視程度到哪裡，是否急於結束等，其中還有許多今人仍然不清楚的部分。

但有一個歷史事實值得我們注意，城邦之中最負盛名的雅典，巧妙的利用了來自波斯阿契美尼德的威脅，將戰爭的結果轉化為崛起的契機。

雅典於西元前四七八年前後，為了預防波斯的再度入侵，自行以盟主的身分號召其他城邦成立了軍事聯盟——提洛同盟（Delian League），並將總部設立在提洛島上。該聯盟全盛期時，約有兩百多個城邦參加。

然而隨著雅典在該同盟中的支配力量日漸增強，於西元前四五四年時將總部遷移到雅典境內，獨占了同盟的資金和軍事力量。雅典的霸道行徑，一直維持到提洛同盟在伯羅奔尼撒戰爭（西元前四三一－四〇四）中，敗給了以斯巴達為中心的伯羅奔尼撒聯盟（Peloponnesian League）為止。

西元前五世紀中期，底比斯（Thebes）取代了斯巴達成為希臘城邦的盟主，唯其榮景並沒有維持太久。西元前三三八年馬其頓擊敗了底比斯和雅典的聯合軍，成為君臨希臘的新霸主。

前面提過，希臘人稱自己是Hellenes（希臘人），將非我族類輕蔑的叫做Barbarian（野蠻人）。雖然馬其頓也被視為城邦的一分子，卻被視為Barbarian，原因在於馬其頓地處希臘的邊境地區。

統一希臘城邦大業的豐功偉業竟然由蠻夷之邦馬其頓來完成，這也是夠諷刺的了。

亞歷山大大帝的遠征和「移民」

或許馬其頓被稱作野蠻人的另一個理由，和它在波希戰爭時，選擇站在波斯而非希臘陣營有關。

但就在波希戰爭結束一百多年之後，馬其頓的腓力二世成為全希臘的支配者，開始計畫遠征波斯。雖然遠征計畫因腓力二世在西元前三三六年遭到暗殺未能實現，但他的兒子亞歷山大大帝繼承父業，完成了父親未竟的事業。

以西元前三三三年的伊蘇斯戰役（Battle of Issus）掀開序幕，亞歷山大陸續擊敗波斯國王大流士三世的軍隊，完成了征服波斯的壯舉。

在征服波斯之後，亞歷山大大帝繼續東征，建立了一個幅員遠達印度河的大帝國。這一連串的征服行動被後世稱作「亞歷山大東征」。主流觀點認為「亞歷山大大帝率領希臘－馬其頓聯軍展開征服東方世界的遠征，消滅了阿契美尼德王朝，促進東西文化的融合，開創了希臘化時代（Hellenism）」。

但正如在第一章說過的，亞歷山大大帝東征時所使用過的道路，大半都是阿契美尼德王朝境內的「公道」。阿契美尼德王朝為了推進中央集權統治，由國王任命名為「王之眼」、「王之耳」的行政官，透過這些官僚將地方上的狀況向國王報告。波斯境內公道縱橫，其中最有名的莫過於從首都蘇薩（Susa）延伸至小亞細亞薩第斯（Sardis），全長兩千五百公里的「王道」。

亞歷山大大帝的軍隊就是利用這些波斯境內的道路來移動，最後於西元前三三〇年消滅了阿契美尼德王朝。大帝的遠征最後雖然直抵印度河，但大軍的移動範圍，基本上應該不超出阿契美尼德王朝的領土之外。前面提過，這些道路應該是埃蘭人在聯絡印度河文明和美索不達米亞文明時所使用過的商路，經過人為整治加以擴充而成的。

亞歷山大大帝雖然締造了一個橫跨希臘到東方世界的大帝國，然而他卻在西元前三二三年時，因熱病死於巴比倫。大帝過世後，由他非凡的才能統一起來的帝國，終究還是走向滅亡一途。

另一方面，亞歷山大大帝在遠征的過程中，還在各地以自己的名字建立了許多名為「亞歷山卓城」（Alexandria）的城市。當時從希臘移居到中亞的人應該不在少數。

目前史學界基本上已經否定由亞歷山大促成東西文化的統合，進而孕育出希臘化文化的這種觀點。但透過這場遠征，許多希臘人成為移民，移居到中亞一帶卻是不爭的事實。若要究其原因，當時東方無論在經濟或文化上，都較希臘來得豐富。

帝國成立後，其周邊的人民會受到文化的吸引和對高勞動報酬的期待，而往帝國的中心移動。來自希臘的移民就是其中一個事例。

或許透過人和物的移動，希臘文明反過來強烈地受到東方文明的影響。從這層意義上來看，可以說當時的歐洲文明仍未從東方文明中分離出來。

交易的民族——腓尼基人所扮演的角色

和希臘人一樣，腓尼基人同樣也在古代地中海周邊扮演著相當重要的角色，並積極投入殖民城市的建設活動。若要做一個粗略的區分，希臘人主要在東地中海，腓尼基人在西地中海，建設各自的殖民城市。

一般認為，腓尼基人是在克里特文明[1]（西元前二〇〇〇—前一四〇〇年左右）和邁錫尼文明（西元前一六〇〇—前一二〇〇年左右）衰退之後，在地中海透過貿易而崛起的民族，但關於他們的身世，至今仍有許多不明之處。

可以確定的是，腓尼基人屬於閃米人（Semites）的一支，從事海上貿易活動。腓尼基人的根據地原來應該在地中海的東部，一般認為，他們利用生長於當地的黎巴嫩杉來製作船隻，往來於地中海進行貿易活動。

貿易的民族腓尼基人還改良了古代的字母系統（alphabet），創造出今日字母系統的原型。貿易活動絕非僅靠隻字片語就能搞定，過程中還要和使用不同語言的民族，透過文字來確認彼此的想法才行。或許這正是改良字母系統的原因。

關於腓尼基人的商業網路，可以參考前面的圖3.1。當我們在看腓尼基人建立的地中海商業路徑時，應該注意到他們以東地中海為根據地，將泰爾（Tyrus）建設為自己的首都，並在西地中海營造泰爾的殖民城市——迦太基。

腓尼基人以這兩個地中海的都市為中心，透過不斷進行移居，來擴大商業的版圖。表3.1為泰爾主要的貿易城市和交易商品。普遍認為，泰爾匯集了來自世界各地的商品，是東地中海規模最大的貿易都市。

從表3.1的內容可知，許多城市將自己的商品銷往泰爾，其後再由泰爾輸出到其他地方。有很多商品就是經由泰爾，乘著腓尼基人的船運往各地。當時住在泰爾的腓尼基人和波斯已互有往來，藉此擴張自己的勢力。

泰爾擁有不少殖民城市，其中最重要的一座就是我在前面提過的，位於西地

1克里特文明也稱為米諾斯文明（Minoan civilization）。

地名	商品	地名	商品
他施	銀、鐵、錫、鉛	大馬士革	葡萄酒、羊毛
雅完（愛奧尼亞）	奴隸、青銅製品	底但	騎馬用的粗布料
陀迦瑪	馬、軍馬、騾	阿拉伯／基達	綿羊、山羊
羅德島	象牙、黑檀	示巴／拉瑪	香料、寶石、黃金
以色列／猶大	小麥、黍、蜂蜜、油、乳香（樹脂的一種）		

表3.1　從各地集結到泰爾的商品[2]

出處：《興亡の世界史：通商国家カルタゴ》，栗田伸子、佐藤育子，講談社學術文庫，2016年，頁63。

中海的迦太基。

迦太基的故地就在現今突尼西亞附近。這座城市約建於西元前八二〇至前八一四年左右，到了西元前六世紀時，已經成為西地中海的貿易重鎮。

迦太基興起的理由，和它無論從東西方來看，都幾乎位處於地中海的中央有關。這個位置還能控制從北非到義大利的地中海南北向通路。但隨著亞述和新巴比倫勢力的抬頭，泰爾的商貿活動逐漸萎縮。我相信其後腓尼基人的貿易中心從泰爾轉移到迦太基，與此同時應有不少商人也隨之遷徙過去。

邁向大帝國的古羅馬

相較於希臘人建立都市國家，腓尼基人傾向建立一個領域國家。「都市國家」是以一個都市與其周邊地區為單位而成立的國家；「領域國家」則是包含了幾個都市及其周邊地區所組成的國家。

古羅馬也是透過不斷擴張領地，建立起龐大的羅馬帝國。如果我們從統治系統面來看，腓尼基人很有可能曾對羅馬發揮重要的影響力。

當時能讓羅馬借鏡的對象應該非迦太基莫屬了。迦太基除了版圖橫跨西地中海

2 該表引用自原書的中文譯本《迦太基與海上商業帝國：非羅馬視角的六百年地中海史》，八旗文化，二〇一九年，頁六七。

地區，為一個幅員廣袤的帝國外，還在伊比利半島上擁有卡塔赫納（Cartagena）、阿爾梅利亞（Almería）、瓦倫西亞和巴塞隆那等殖民城市。

此外，西西里島西半部也曾是迦太基的領地。西西里島的西部和東側由希臘人建立的殖民城市——敘拉古之間發生過激烈的衝突，使得敘拉古向羅馬請求奧援。於是迦太基和終於獲得將勢力延伸至西西里島機會的羅馬之間，爆發了著名的布匿戰爭，雙方在這場戰爭中一共交鋒過三次。

發生於西元前二六四至前二四一年的第一次布匿戰爭，主戰場就在西西里島上。這場戰爭由羅馬獲得勝利，並在戰後將西西里島收為第一個屬州。第一次布匿戰爭後羅馬的擴張更加積極，成功從迦太基手中拿下薩丁尼亞島和科西嘉島。

第二次布匿戰爭在西元前二一八年展開，迦太基的漢尼拔將軍率領騎乘非洲象的部隊越過阿爾卑斯山南下，直接攻入位於義大利半島的羅馬本土。漢尼拔在坎尼會戰（Battle of Cannae）獲勝後，停留在義大利長達十四年，和羅馬相互對峙。

可惜的是，迦太基並沒有善用這次勝利。羅馬將軍大西庇阿（Scipio）率領羅馬軍捲土重來，逆轉頹勢。並在迦太基近郊發生的札馬戰役（Battle of Zama）中擊敗了漢尼拔的軍隊，第二次布匿戰爭迦太基終究還是以戰敗告終。

戰後羅馬雖然對迦太基索求巨額的賠款，但這筆錢對因商貿起家的迦太基人來說只是九牛一毛，不一會兒就還清了。有鑑於此，羅馬似乎認清了一件事，「（對羅馬來說）迦太基絕對是一個必須斬草除根的對手」。

西元前一四九年，羅馬為了徹底消滅迦太基，發起了第三次布匿戰爭。這場戰爭於西元前一四六年，以羅馬摧毀迦太基結束。戰敗的迦太基遭到羅馬縱火焚城，據說大火一共燒了十七天之久。戰爭結束後，原本總人口約有五十萬人之眾的迦太基，只剩下五萬五千人倖存下來，而且還被羅馬人販賣為奴。

歐洲就這樣遺忘了東方

布匿戰爭後，羅馬的版圖大為增加（圖3.3）。原本受到迦太基商貿控制下的地中海，現在已臣服在羅馬的政治統治下。

雖然在地中海上隨處可見羅馬的船隻航行於其中，但如前所述，羅馬人只不過是利用了腓尼基人或迦太基人早已開拓出來的海上路線而已。

羅馬帝國還將統治範圍延伸至非洲北部海岸地區，將大批奴隸送往義大利半島。此外，因為糧食不足，羅馬還從非洲的屬州（特別是埃及一地）調集糧食，我認為這條運輸途徑也非羅馬人建立的，而是腓尼基人過去所使用過的物流網絡。

會發生糧食不足，最主要的原因是領土擴張過於快速，導致移民大量湧入首都羅馬所造成的。過去羅馬的市民權只限於居住在羅馬城的自由民。然而在二一二年時，羅馬皇帝卡拉卡拉（Caracalla）公布了安托尼努斯敕令（Constitutio

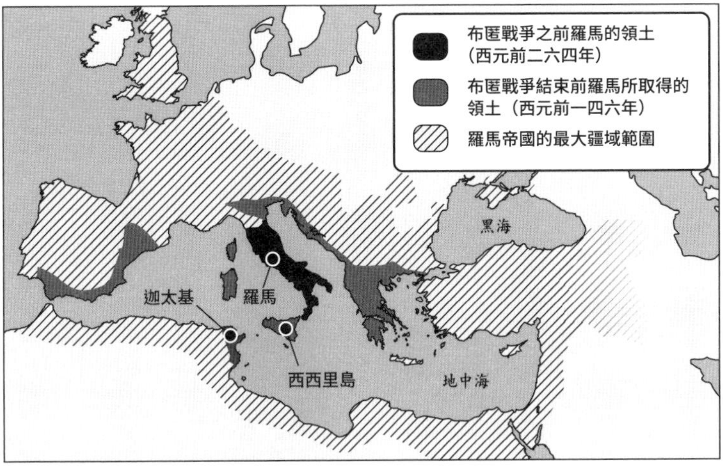

圖3.3　羅馬帝國的領土擴張

Antoniniana），將羅馬的市民權賦予帝國境內所有的自由民。如此一來，包含屬州在內，全國的自由民（就算是非拉丁人）都獲得了市民權。

當羅馬成長為一個大帝國之後，想要防堵其他民族移居到境內根本是天方夜譚。在下一章會提到，三七五年時甚至發生了大量日耳曼人越過多瑙河（羅馬帝國的國境），入侵到羅馬境內的事情。

其實不論在什麼時代，只要經過「帝國化」，移民就成為不可避免的問題。帝國可以分為本國和殖民地兩個部分，生活在殖民地的人民為了追求較好的收入，或是憧憬更高度的文明，都會往本國移動。可以說「帝國化」和移民的流入其實存在著一體兩面的關係。

地中海世界登上歷史舞台時，原本處於遍布都市國家的狀態，但其後卻轉變為一個大帝國統治下，移民大量流入的地區。正如讀者們所見，在這個變化的過程中，古希臘、古羅馬和東方民族及腓尼基人之間有著密切的關聯性。

在我看來，歐洲人正是善用了東方民族和腓尼基人所留下來的基礎，才有可能於日後建立起強大的羅馬帝國。

而在歷史進程中，亞歷山大大帝的東征則是最具代表性的一個事例。今天的世界史對於腓尼基人的重要性實在是著墨過少。正如圖3.1所示，能將全地中海作為一個商業圈，並支配著其中物流的民族，非腓尼基人莫屬。

日後當羅馬宣稱地中海是「我們的內海」時，其實只是利用了腓尼基人已經建立起來的物流網。事實上，若僅憑一己之力，羅馬人無法構築起這套網絡。因為在腓尼基人之前，歐洲幾乎還未出現「航路」的概念。

腓尼基人留給後世的遺產，以羅馬人為首，之後的穆斯林商人、義大利商人也深受影響。此外，腓尼基人還完成了從紅海開始，採西迴（逆時針）的方式繞行非洲的壯舉。杳蘿（Hanno）這號人物最遠還曾航行到非洲西岸。在之後的歷史中，歐洲一直要等到十五世紀大航海時代來臨時，才有能力完成這種規模的航海任務。

隨著時代不斷推移，歐洲人逐漸有意地遺忘了腓尼基人的事蹟，甚至產生錯覺，認為歐洲文明自古以來就是獨特的存在。

第四章　從游牧民族認識文明的興亡

世界史的主角——游牧民族

離歐亞大陸兩端各有一小段距離之處，存在著兩個島國。這兩個島國分別是東方的日本和西方的英國。本章在最後，試圖用「移民」的觀點來說明，古代英國和日本之間有著怎麼樣的連帶關係。換句話說，就是將歐亞大陸作為一個統一的大陸空間來看，透過歷史性的敘事，闡明日、英兩國之間的關聯性。

回到正題，「世界史的主角是游牧民族」這種觀點，在日本國內經由研究蒙古史的學者杉山正明倡導後，基本上已經獲得一定的認同。當今在談論世界史時若不把游牧民族納入的話，反而令人覺得難以置信。

提到游牧民族，很多人腦海中首先浮現的，大概是蒙古帝國吧。然而游牧民族的歷史其實更源遠流長。

在西元前三千年左右時，從黑海北岸到裏海北岸一帶，氣候開始逐漸乾燥化，最後導致闊葉樹林轉變為草原。草原比較適合放牧而非農耕是個不爭的事實，因此有人認為這就是游牧民族誕生的原因之一。

另外根據古代歐亞史專家林俊雄指出，從烏拉山脈到哈薩克的草原地帶上，從西元前兩千年開始到西元前一千七百年之間，即有駕駛雙輪戰車的印歐語族軍團，對南方造成威脅。

但是有關這群人是否能騎馬進行長距離移動，仍有許多令現代人不解之處。事實上，西亞和地中海一帶開始騎馬，最快也得到西元前十世紀左右。而草原地帶的人開始騎馬，似乎始於稍晚的西元前九至前八世紀。

西元前九世紀中葉時發生了世界性的氣候變動，讓原本半沙漠的地區轉變為草原。一般推測，草原地帶的增加是游牧民族開始騎馬的其中一個契機。其實游牧民族時而移動，有時也會定居，因此他們正可謂是不折不扣的「移民」。

斯基泰人、匈奴人、匈人

斯基泰人被認為是最古老的游牧民族。其實上面這句話應該修正為，斯基泰人是在人類歷史上最早留下紀錄，且具有一定規模的游牧民族。

他們大約在西元前七至前三世紀時，活動於帕米爾高原西部直至窩瓦河，以及黑海北岸的草原地帶，並在西元前六至前四世紀時達到全盛期。

一般認為斯基泰人屬於伊朗系民族。希羅多德在他的《歷史》一書中寫到，他們從西亞的西臺人等不同的民族那裡，學到了製作鐵器的技術，並將這門技術傳到東方。斯基泰人雖然原是亞洲的游牧民族，但現在我們幾乎可以確定，他們之後定居在位於高加索地區北岸到黑海北岸的草原地帶。

匈奴是在斯基泰人之後登場的游牧民族。林俊雄指出，匈奴第一次鮮明的躍上歷史舞台，約是在秦始皇統一中國之後。那時匈奴剛統一內部的部族，形成一個強大的國家。

來自匈奴的威脅對秦始皇來說如芒刺在背，於是始皇帝派將軍蒙恬將匈奴的勢力驅逐至鄂爾多斯（位於現今中國的內蒙古自治區南部），而且還修築固若金湯的萬里長城來嚴加防範。

雖然秦始皇的政策曾對匈奴造成打擊，但在冒頓單于（西元前二〇九—一七四在位）統治下，匈奴的勢力更加成長茁壯。當時匈奴不但在戰爭中擊敗漢高祖，還簽訂了對漢朝來說相當屈辱的和約。漢氏宗親除了要將族內女性以公主（天子的女兒）的身分嫁給單于為妻，還得每年送給匈奴一定數量的禮物。

游牧民族帶給中原國家巨大威脅的事例，在中國歷史中其實並不少見。究其原因在於，游牧民族在軍事上具有壓倒性的優勢。

雖然漢朝的士兵並非不騎馬，只是和幾乎每天都在馬背上的游牧民族相比，後者在以騎兵戰為主流的時代裡占盡了優勢。

雖然漢朝和匈奴之間的關係一直都是匈奴占上風，但漢朝到了武帝（西元前一四一—八七在位）時開始發動攻勢。為了討伐匈奴，漢武帝曾數度命衛青和霍去病率軍出征，並令張騫帶兵夾擊。就這樣，匈奴在烏維單于（西元前一一四—一〇五在位）時，勢力已衰敗到反被漢朝要求交出人質的地步。

時間來到西元一世紀的後漢，此時匈奴分裂為東、西兩部，東匈奴留在內蒙古，西匈奴則遷往中亞的塔拉斯河（Talas River）流域一帶。雖然東匈奴和漢朝結盟，並於西元前三六年時滅了西匈奴，但隨後東匈奴又於西元四八年時，分裂為南、北兩部。

有人認為東匈奴就是匈人（Hun），但目前仍沒有確切的證據支持這種觀點。但現在幾乎可以確定的是，東匈奴的移動的確對北亞游牧民族——匈人的移動帶來影響。

居於草原地帶上的游牧民族，他們的移動範圍非常遼闊，有時甚至遠達今日的歐洲。正因如此，他們的移動縱橫歐亞大陸東西兩端，同時影響著亞洲和歐洲。

「日耳曼人的大移動」是如何發生的呢？

原來居住在波羅的海的哥德人，是著名的日耳曼民族大移動中的要角。在他們南下移居到黑海沿岸地區的過程中，分裂為東、西兩邊。

儘管東哥德人消滅了早於他們居住在黑海沿岸地區的游牧民族斯基泰人，但他們絕對沒想到，自己之後卻會臣服在另一支游牧民族的統治下。這支游牧民族就是前面提到的匈人。

東哥德人受到伴隨東匈奴人移動而向西遷徙的匈人支配。西哥德人見狀後因備感威脅，於是在三七五年時越過多瑙河，侵入羅馬帝國的領地。此即為日耳曼民族大移動的濫觴。

匈人所建立的帝國，是造成日耳曼民族大移動的直接原因。這個帝國的幅員東起中亞的歐亞大草原，西到今天的德國。當阿提拉王（Attila，四〇六—

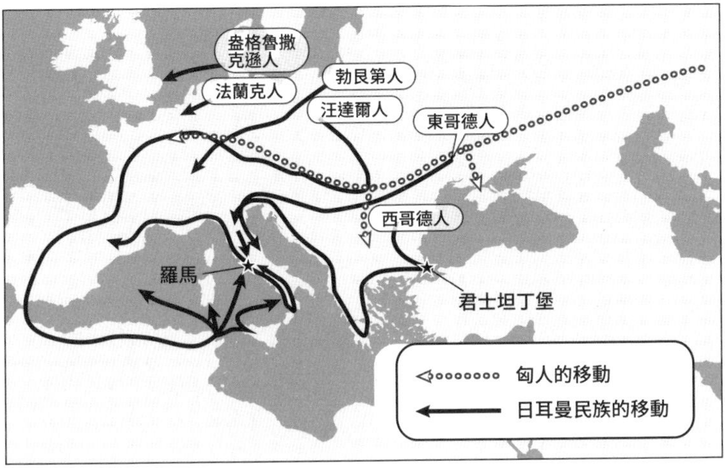

圖4.1　匈人和日耳曼民族的移動

四五三）在世時，國勢達到頂峰。然而就在阿提拉過世後，帝國卻急速衰退，走向滅亡一途。

匈人建立的帝國，國家體制非常不完善。國家因為是由領導者強大的能力所支撐的，因此一旦失去了領袖人物，國家就會陷入分崩離析的狀態。

回頭再來看日耳曼人的大移動，西哥德人在伊比利半島、東哥德人在義大利、勃艮第人在法國西南方、法蘭克人在法國西北方、盎格魯撒克遜人在不列顛群島上，分別建立自己的國家。另外汪達爾人進入伊比利半島和北非一帶，於迦太基的故地建國。

在此希望大家能將目光聚焦在和歐亞大陸有段距離的不列顛島上，盎格魯撒克遜人在此打造自己的家園。

其實不列顛島在西元前五五年時，因遭受尤利烏斯・凱撒的進攻，曾受過羅馬的統治。但隨著民族大移動的發生，羅馬帝國的國勢轉衰，於是島上的駐軍也隨之撤離。盎格魯撒克遜人見機不可失，征服了當地的原住民族布立吞人（Britons）。

雖然英國之所以成為盎格魯撒克遜人的國家，歷史淵源來自上述的內容，但追本溯源可以發現，其實是源自游牧民族的移動。如果沒有匈人，就沒有今天的英國。

渡來人為何東渡日本？

我們回頭來看大陸另一端的中國。東胡是一支被匈奴擊敗的民族，一般認為東胡的其中一個逃到烏丸山的部族之後成為烏桓，而另一個逃到鮮卑山的部族則成為鮮卑。而鮮卑正是和匈奴一同出現在中國歷史中，五胡十六國時代（三〇四—四三九）的五胡（匈奴、鮮卑、羯、氐、羌）之一。

中國在歷史上曾遭受多次來自北方游牧民族的入侵，五胡十六國就是一個遭到游牧民族侵略，而陷入大混亂的時代之一。

一八四年時，中華大地上爆發了黃巾之亂，由此進入魏、吳、蜀鼎立的三國時代（東漢於二二〇年滅亡）。三國時代一直持續到二八〇年，西晉統一中國為止。然而當西晉於三一六年滅亡後，中國又再度進入分裂的時代——五胡十六國。

雖然四三九年時北魏統一了華北，為五胡十六國時代畫下句點，可是混亂的局勢還得等到五八九年，隋朝統一中國後才算結束。然而因為隋朝也是個短命王朝，因此直到唐朝於六一八年建立之後，中國才算迎來了真正安定的時期。

換句話說，從一八四年的黃巾之亂開始，直到六一八年唐朝建國為止，中國主要因北方游牧民族的入侵而造成混亂的時代，持續了相當一段時間。

從這個角度來看日本，可以發現日本大致上曾經出現過四次渡來人大量赴日的時期。（1）西元前五至前三世紀，（2）四至五世紀，（3）五世紀末至六世紀，（4）七世紀後半葉。

（1）西元前五至前三世紀時，因為中國正處於戰國時代的亂世，可以推測這是渡來人出現的原因。在這段期間的最後，或許有部分人群是因為受到游牧民族的壓迫，而離開中國、東渡日本的。

（2）四至五世紀時，日耳曼民族的大移動正在歐洲展開，此時中國則處於五胡十六國時代。游牧民族的移動，極有可能對渡來人赴日發生影響。

同樣的解釋也適用於（3）五世紀末至六世紀和（4）七世紀後半葉。（3）的時候隋朝仍未統一中國，是一個持續混亂的時代。到了（4）的時期，因為唐朝滅掉了朝鮮半島上的百濟和高句麗，因此從這兩個國家產生出大量往日本移動的渡來人。

從上述的內容來看，因著游牧民族的移動，增加了歐亞大陸上人群的流動性，而其對日本的影響可謂顯而易見。

支配歐亞大陸的蒙古帝國

接著我們要跨越一段時間來談談蒙古帝國，這是游牧民族對世界史發生巨大影響力的事例。

成吉思汗於一二〇六年建立了蒙古帝國，這個國家的擴張相當迅速，成為一個雄踞歐亞大陸中央的大帝國。

蒙古帝國雖然發動過無數的戰爭，可一旦他們領有歐亞大陸上廣大的領土後，狀況就發生了改變。成吉思汗的孫子忽必烈從一二六七年起花費二十六年，營造首都大都（今北京），並在一二七一年時將國號改為元。

然而就在一二六六年時，窩闊臺汗國的海都因反對忽必烈即位，因而聚集了一群反對者發起叛亂。這場叛亂持續到一三〇一年，最後因海都的軍隊作戰失利以及本人的死亡而告終。

忽必烈

這場叛亂結束後，進入了「韃靼和平」（Tatar Peace）時期。在元朝統治下，歐亞大陸上大部分的地區都得到穩定的統治，東西方的交流也相當熱絡，商貿往來興盛。

被稱作色目人的西方人，活躍於東西商貿活動中。在廣州和泉州，穆斯林商人從事著南亞和印度洋方面的南海貿易。

伴隨著經濟成長，國家就需要進行道路等交通網路的建設。從經濟學上來說，道路等交通網路的設施屬於公共財，是可以讓全民受益的建設。

因為從公共財所獲得的並非直接利益，因此通常必須是由政府而非公司行號來執行，而蒙古帝國在這件事上執行得相當有效率。因為帝國很重視通商道路上的安全，所以不論是對道路的整治和治安的維持都很盡心。

另外，驛傳制度的導入堪稱是一項劃時代的創舉。驛傳制度在蒙古語中稱為「**Jamči**」（日文漢字寫作「站赤」），接著將針對忽必烈時代的驛傳制度做說明。

首先在以大都為中心的主要道路沿線，每十里設置一個站（驛）。宿驛[3]之下有百戶站戶，當奉命出行的官員或使節來到時，需要提供人、馬和食物。

站戶不只要提供所需的物資，還被要求須義務性派人照顧到此的官員。雖然站戶可免除部分差役和地租，但因為還須提供馬匹，造成他們經濟上的巨大負擔。

3 「宿驛」為日文漢字的表達方式，查蒙古驛站制度中，供使者等休息之處為「邀站」。

驛傳制度以首都大都為中心，規模遍及歐亞大陸。當帝國內部的交通實現了安全和便利後，穆斯林商人的商隊就可以透過陸路進行頻繁的商貿活動。此外，馬可波羅也是藉由完善的驛傳制度，才能順利前往大都的。

驛傳制度是直到二十世紀西伯利亞鐵道完成之前，歐亞大陸上最快速的資訊傳達系統。從這個制度我們可以理解到，蒙古的統治階層對商貿活動和掌握資訊的重要性有多麼重視。

蒙古帝國是造成黑死病大流行的元凶嗎？

事實上，活絡的東西交流並非只有好處，有時也會帶來人們不樂見的悲劇，歐洲黑死病的流行即為其中一例。十四世紀中葉時，一種被稱作黑死病的傳染病橫行於歐洲，造成歐洲人口銳減三分之一，根據不同觀點，其數字甚至可達三分之二。

黑死病這個名稱的由來，源自於當人們發病後，身體會產生黑色的斑點，最終走向死亡。黑死病的正式名稱為鼠疫（plague），是由齧齒類散播的全身性感染症，由帶著病原的跳蚤傳染給人類。

一般認為黑死病源自中亞，於一三四七年從君士坦丁堡擴散至地中海各地，隨後進入馬賽和威尼斯。一三四八年時亞維農、佛羅倫斯和倫敦也無一倖免，隔年疫情範圍從北歐擴大到波蘭，一三五一年時已遠達俄羅斯。

黑死病以一種現代傳染病所沒有的速度，快速地蔓延到整個歐洲。雖然關於這種驚人的傳播速度有許多值得討論之處，但經由蒙古帝國內的貿易網路，緊密連結起歐洲和中亞的影響，應該是最大的原因。

如果沒有蒙古帝國實現「韃靼和平」，歐亞大陸上的商貿網路就難以擴張，黑死病或許就不會席捲歐洲了。

游牧民族通常居住在歐亞大陸的中央地區，不太會過於偏向東、西某一方。但只要他們移動起來，歷史告訴我們勢必會產生深遠的影響。

匈奴和匈人或許真的是同一個民族。匈人的移動引發了範圍擴及歐洲全境的日耳曼民族遷徙，其結果導致西羅馬帝國（羅馬帝國在三九五年狄奧多西一世過世時，分裂成以君士坦丁堡為首都的東羅馬帝國，和以今日的米蘭為首都的西羅馬帝國）覆亡，並為盎格魯撒克遜人帶來建國的契機。

東亞方面，中國因陷入大規模的混亂，於是出現大批渡來人東渡日本。時代在往下走，這次換成傳染病流行的形式，對歐洲造成巨大的衝擊。

雖然我們很容易將上述歷史事件看作獨立的存在，但只要能將歐亞大陸看作以游牧民族為主角的單一空間，所有的事情就能串在一起。本章開頭時曾說過，不談游牧民族何以言世界史。世界史的進程其實是透過游牧民族這群「移民」所推動的。

第二部

全球的「貿易」如何串聯在一起呢？

第五章　包圍歐洲的穆斯林商人

伊斯蘭的興起

隨著四七六年西羅馬帝國滅亡，陷入四分五裂狀態的歐洲人，直到拜占庭帝國（東羅馬帝國）的查士丁尼一世即位後，才再度取回古地中海的制海權。查士丁尼一世重新征服了歐洲和非洲西側地區，完成羅馬帝國的中興。然而到了七世紀，伊斯蘭勢力的出現，使統一的歐洲再度受到威脅。

伊斯蘭教的開創者穆罕默德，屬於古萊什族（Quraysh）的哈希姆家族（House of Hashim），他於五七〇年前後誕生於阿拉伯半島西岸的麥加。穆罕默德在四十多歲時開始聽見神的聲音，其後便宣稱自己是「最後的先知」（能領受神的語言，向眾人傳道者）。他呼籲麥加的群眾應該崇拜唯一的真神阿拉，要人們感謝神的恩典，並將行善視為義務。

然而在當時，傳統的多神教在麥加的勢力仍相當龐大，穆罕默德宣講的教理並沒有被人們接受，甚至連他的信眾都遭到迫害。於是穆罕默德放棄在麥加傳教，於六二二年時「聖遷」（Hijrah，或音譯為「希吉拉」）到他的支持者們所居住的麥地那，並在當地創立了伊斯蘭教。

聖遷後，穆罕默德所宣說的教義在短時間內擴散開來。就算在六三二年穆罕默德過世之後，伊斯蘭勢力的崛起仍令人嘆為觀止。從世界史來看，七世紀可以說是伊斯蘭的世紀。

從正統哈里發時期到伍麥亞王朝

圖5.1標示的，是從正統哈里發時期（六三二—六六一，穆罕默德的繼承者們擔任伊斯蘭教的最高領導者哈里發）到伍麥亞王朝（六六一—七五〇，由伍麥亞

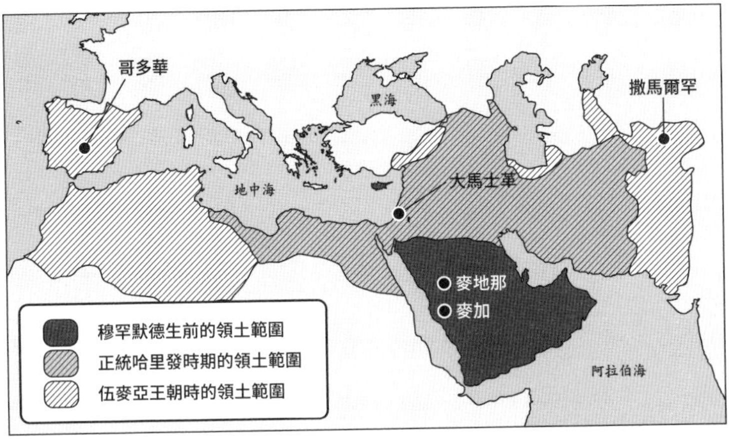

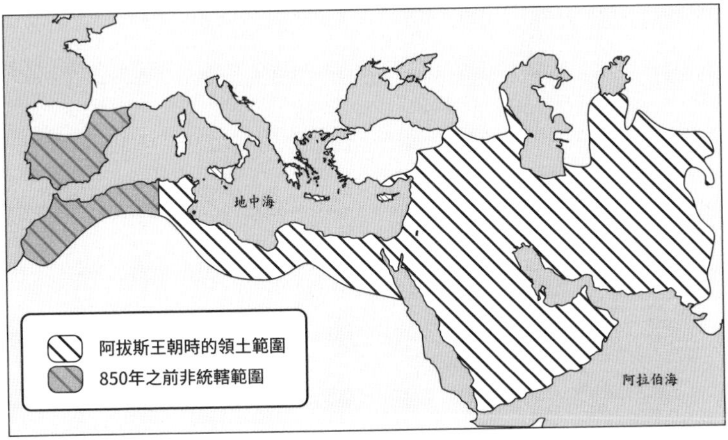

圖5.1　伊斯蘭的領土擴張

家族世襲哈里發）時，伊斯蘭的領土擴張。

伊斯蘭勢力急速擴張，強烈威脅到經由希臘人、腓尼基人再到羅馬人才奠定下來的，歐洲人的地中海制海權。究其原因，和阿拉伯人不斷移居到西亞、非洲甚至歐洲有關。

在那個時代，伊斯蘭勢力的擴張就等於阿拉伯人移民的擴大。亦即當一個區域基本上在阿拉伯人的治理下之後，也就實現了「伊斯蘭和平」（Pax Islamica）。

正統哈里發時代伊斯蘭勢力的擴張和穆罕默德時期不同，其相異之處在於部族之間的連帶關係遭到否定，提倡人類平等的想法。正因如此，伊斯蘭的教理才會如此廣為流傳，讓伊斯蘭的勢力迅速成長。

然而上述的「平等」，僅限於阿拉伯人之間。伍麥亞王朝時，就算是改信伊斯蘭教的非阿拉伯人，仍須繳納「人頭稅」（jizya或jizyah）和「地租」（Kharaj），當時這樣的人種歧視是公開的。

雖然伊斯蘭的聖典《古蘭經》中寫到，所有的穆斯林都是平等的，但現實卻非如此。於是人們對伍麥亞王朝的統治日益不滿，也是理所當然的發展。

轉折點——「阿拔斯革命」

扭轉這個情況的是「阿拔斯革命」。穆罕默德的叔父阿拔斯，他的後代子孫推翻了伍麥亞王朝，於七五〇年時建立了阿拔斯王朝（七五〇—一二五八），此即為阿拔斯革命。

阿拔斯王朝時期，伊斯蘭的勢力獲得更進一步的成長，原因在於阿拔斯王朝否定了阿拉伯人的特權，只要是穆斯林，就算非阿拉伯人，也無須支付人頭稅。

換言之，正統哈里發和伍麥亞王朝時期，都只能算是「阿拉伯人」的伊斯蘭王朝。與之相對，阿拔斯王朝完成了阿拉伯人的王朝到穆斯林王朝的轉變，歷史學家將這種轉變稱為「革命」。

經過阿拔斯革命後，伊斯蘭從阿拉伯人的宗教，轉變為超越民族藩籬的世界性宗教。伴隨著伊斯蘭領土的持續擴張，許多當地的居民也改信伊斯蘭教。

在上述過程中，穆斯林們建構出一個從歐洲到中亞的巨型商業網絡。

根據伊斯蘭商業史研究學者家島彥一指出，阿拔斯王朝成立後，通過波斯灣，連結起廣闊的印度洋周邊地區及島嶼之間的海上運輸和貿易活動非常興盛。

除了穆斯林之外，基督教、猶太教和瑣羅亞斯德教等，不同宗教、宗派的集團彼此協助，往來於東非、南印度和東南亞等地。透過文化相異的商人們所完成的大型網絡，稱之為「異文化交易圈」。

阿拔斯王朝時的伊斯蘭世界以西亞的多座城市為核心，並在西起面向大西洋的伊比利半島、摩洛哥、地中海沿岸，東到中亞、伊朗、信德（Sind，位於印度河流域）、古吉拉特（Gujarat）等地的周邊區域，形成一個巨大的聯絡網。

從八世紀中葉到十世紀中葉約兩百年間，地處伊斯蘭世界中心位置的巴格達，不但是文化重鎮也是財富匯聚之地，備受周邊地區關注。

家島指出，當時的印度洋海域世界和巴格達之間暢行無阻，前者提供了大量由熱帶、亞熱帶等地出產的多樣商品（辛香料、藥物、金、鉛、錫、寶石類、木材、米、豆類、熱帶水果、動物皮革、象牙、家畜、纖維原料），而後者也由此獲得來自西亞和地中海沿岸城市所生產和交易的衣物、地毯、金屬製品、陶器、玻璃容器、裝飾品、金銀貨幣和武器，甚至還有些來自其他地區的轉運商品。

運送這些商品的都是以巴格達為據點的商人，他們的足跡從印度洋甚至遠達地中海，在這些地方進行貿易。

因為阿拔斯王朝在經濟實力上較歐洲優越，地中海的商貿網絡基本上由伊斯蘭勢力主宰，在基督教徒和穆斯林兩種不同信仰的商人彼此合作之下，進行商貿活動。

我們應該認知到，當時歐洲其實只是以巴格達為中心所構成網絡中的一部分，不過是廣大的異文化交易圈中的一名成員而已。

「商業的復甦」是一大誤解

比利時知名歷史學家亨利・皮雷納（Henri Pirenne），曾提出「商業的復甦」這個概念，並對內容做出以下闡述：

亨利・皮雷納

伊斯蘭勢力從十一至十二世紀逐漸退出地中海，維京人在北海和波羅的海的劫掠（這部分會在下一章介紹）也將告終，和平終於要降臨歐洲了。

其後，北義的威尼斯和熱那亞等地的商人積極開展東方貿易（Levant trade），將辛香料等商品大量輸入歐洲。

此外，北義的商人們還以法蘭德斯（Flanders）為中心，和歐洲北部的許多城市開始進行商貿活動。此舉活絡了歐洲內陸地區的交通，位於法國東北部的香檳（Champagne）地區也發展出定期舉辦的市集，這些都讓歐洲內陸的貨幣經濟更加蓬勃發展。就這樣，都市的人口逐漸增加，歐洲的商業也復甦了。

在皮雷納筆下的歐洲史，伊斯蘭勢力完全呈現出一副壞人的形象。除此之外，他還高估了歐洲經濟的實力。

如果從歐洲的角度來看「商業的復甦」這件事，可能會得出「這是因為西歐內部活絡的商業活動所產生的結果」這種看法。然而如前所述，事實上歐洲深受伊斯蘭商業圈的影響，而且不過是其中組成的一部分而已。

若是從世界史的角度來看「商業的復甦」，可以理解為西歐的經濟是在阿拔斯王朝的商業網絡中獲得成長。皮雷納沒有注意到，歐洲其實是在阿拔斯王朝的包圍下，相對上來說規模較小的商業空間。

移居世界各地的穆斯林商人

或許有些人會提出異議，認為義大利從過去開始，就有透過東方（地中海東岸）路徑進行辛香料的貿易活動，並由此獲得巨額的利潤。

確實，產於南亞摩鹿加群島的辛香料總數量雖然不明，但早在古羅馬時代，就已透過埃及的亞歷山卓輸往地中海地區。這個路徑到進入十一世紀時都還在使用，透過印度洋經紅海，將商品送到亞歷山卓，再更進一步銷往義大利。義大利商人在辛香料的貿易中大賺其財。

然而關於這點，我們應該注意到一個事實，那就是義大利商人所使用的路徑，僅限定在從亞歷山卓到義大利或地中海而已。

一般來說，根據推測，輸入到歐洲的辛香料，只占辛香料總生產量的三〇%左右，這個數量是多是少，雖然在判斷上有其困難之處，但無論如何都需要從亞洲進口，則是不爭的事實，而大部分輸入歐洲的辛香料都是經由亞洲商人之手，尤其是穆斯林商人。

當時，辛香料的產地相當有限，雖然也有像胡椒出產於印度西岸的馬拉巴爾海岸（Malabar Coast）和東南亞的蘇門答臘島等相對較廣闊的區域，但其他像肉豆蔻（nutmeg）就只產於摩鹿加群島以南的班達群島（Banda Islands），丁香

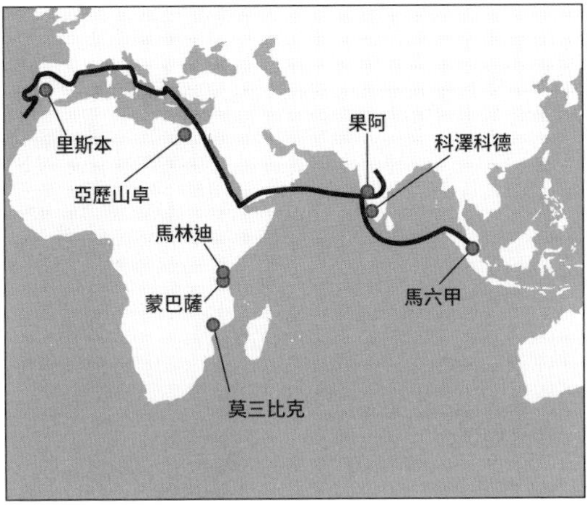

圖5.2　辛香料貿易的路徑

（clove）也只有在摩鹿加群島的德那第（Ternate）和蒂多雷（Tidore）等五座島嶼才有辦法取得。

上述的辛香料會被送到印度，然後如圖5.2所示，經過波斯灣，從亞歷山卓送往義大利。從圖5.2中我們可以得知，在整體的路徑中，獨自由義大利負責的部分，其實只占了一小部分而已。其他的絕大部分，可以理解為穆斯林商人使用的路徑。

前面曾經提過，在世界各地都可以看到移居當地的穆斯林商人身影，例如許多面對印度洋的城市、東南亞，甚至遠到非洲大陸。和同一時代歐洲的基督教徒相比，穆斯林商人的移動範圍相當廣闊。

其中值得注意的地方是，穆斯林商人所建構出來的商業網絡，將整個歐洲牢牢地包圍住。為了掙脫這層「伊斯蘭包圍網」，歐洲人只剩下通過非洲西岸這條路可走。也因為如此，促成了日後大航海時代的來臨，關於這部分的內容，將在第七章詳細說明。

第六章　活躍的商業民族——維京人

是誰統一了北海？

歐洲南臨地中海，北方有北海和波羅的海環繞。行文至此，已經詳細介紹過地中海一帶的商業變遷，至於北海和波羅的海地區，將把重點放在維京人上。

維京人在大眾的認知裡，一直存在著鮮明的「掠奪者」形象。但根據目前的研究指出，維京人並非只是掠奪者，他們同時也在許多地方從事商貿活動。

事實上，掠奪和貿易兩者在中世紀時要做出嚴格的區分是不可能的。而且近年來，維京人過去建設的都市遺跡，在斯堪地那維亞半島以外的許多地區也相繼挖掘出來。這些都讓我們越加清楚了解到，維京人曾以不同的地方為據點從事貿易活動。

讓我們來看看幾個具體的例子。在瑞典的斯德哥爾摩西方約三十公里處，有一個叫作比約克島（Björkö）的地方，島上有一個名為比爾卡（Birka）的城市。比爾卡正是維京人的貿易據點之一。

其他像是位於丹麥日德蘭半島南方的赫德比（Hedeby）、英國的約克、愛爾蘭海的都柏林、法國的勒昂（Leuhan）等，也都是著名的都市聚落。經過考古學的發掘調查後，確認了這些地方都是貿易的據點。

從以上內容可以得知，維京人的貿易網絡非常龐大。我自己也將維京人稱之為「北方的腓尼基人」，他們將北海和波羅的海及其周邊地區，整合成一個交易圈。在之後還會提到，維京人的足跡甚至還踏上了美洲新大陸。

另外，維京時代的斯堪地那維亞社會裡，在許多作為據點的城市中，充滿著高度經濟的和社會的流動性。歷史學家們之所以會忽略這些事實，只將維京人視為掠奪者，原因在於學者們採用的史料都是來自那些土地被維京人侵占的人們所留下的史料，在經過詮釋後得到的結果。

十三世紀時成書於冰島的《埃及爾薩迦》（*Egil's Saga*）[4]，書中內容描述了男主角埃及爾（**Egil Skallagrimsson**）的一生。埃及爾是維京人，同時也是冰島的一位農場主，他的祖父則是一名挪威的農夫。該書描述維京人「有時是從事貿易的商人，有時則化身為侵略者」。

然而只靠掠奪是難以維持一個社會的。一般認為，維京人雖然進行掠奪，但基本上還是靠貿易來維生。

本章希望能向讀者介紹，維京人是如何移居到北歐並從事商貿行為，進而對擴大歐洲世界做出貢獻的。

4由古諾斯語（Old Norse）寫成，「薩迦」（*Saga*）為北歐地區古代及中世時期以散文形式呈現的故事集總稱。

不斷擴大的維京商業圈

第五章曾經提到，伊斯蘭勢力從七世紀開始急速擴張，並在七六二年阿拔斯王朝定都巴格達後，完成了長距離的貿易網絡。

維京人在伊斯蘭的貿易網中擔任仲介者的角色，活躍於以北歐為中心的區域。他們從波羅的海開始通過窩瓦河到黑海，然後在轉向裏海往東移動的過程中，同時運送毛皮和奴隸。維京人將貨品販賣到沿河各地市場上，獲得從近東和中亞地區輸入的辛香料、絹、武器、甲冑以及銀幣作為報酬，上述物品接著會流向北海和波羅的海區域。一般認為，維京人也和遠在阿拔斯王朝國境以東的薩曼王朝有商貿往來。

如上所述，除了地中海之外，北歐在整個伊斯蘭網絡中的異文化間交易也相當熱絡。維京人在其中扮演起往來於北海和波羅的海商業圈之間的商人角色，地位也因而提升。

或許從某些面向來看，維京人和第四章提到的蒙古帝國子民們有不少相似之處。前面說明過，蒙古帝國絕非只是一部戰爭機器，維京人也不是只會打家劫舍而已。

還是要再次強調，在這個時代中，掠奪和商業行為之間很難做出明確的區分。此外，維京人令人望而生畏的掠奪者形象，其實也是來自於在戰場上敗給他們的族群所留下來的史料。

雖然蒙古人使用陸路，而維京人利用海路作為主要的移動手段，但兩個民族同樣都是積極從事商業活動的「移民」。

征服英格蘭的諾曼人

諾曼人（Normanean）有時被看作是維京人，雖然這兩個族群之間不容易做明確的區別，但諾曼人曾四處侵略卻是歷史事實。

例如在一〇六六年，諾曼第王朝開創者「征服者威廉」（William the Conqueror）拿下了英格蘭，就是最著名的事例（這一連串的戰爭稱作「諾曼人征服」）。「征服者威廉」即是亞奎丹公爵威廉（Duc d'Aquitaine Guillaume）。

如前所述，掠奪和交易實為一體兩面，因此諾曼人的征服也意味著他們貿易活動範圍的擴大。

圖6.1標示了諾曼人的征服地和其路徑。從這幅圖中可以得知，諾曼人主要使用海路，但有時也會利用陸路，在歐洲不同地區之間移動。

諾曼人從北方的海上經由海路入侵地中海。這條海上路徑在往後的歷史中，成為北歐諸國前往地中海從事海運時實際使用的通道。日後英國、荷蘭甚至是瑞典等國，在進出地中海時所使用的路徑，其實早由諾曼人預先鋪好了。諾曼人在地中海所建立的國家，以兩西西里王國最為人所知。

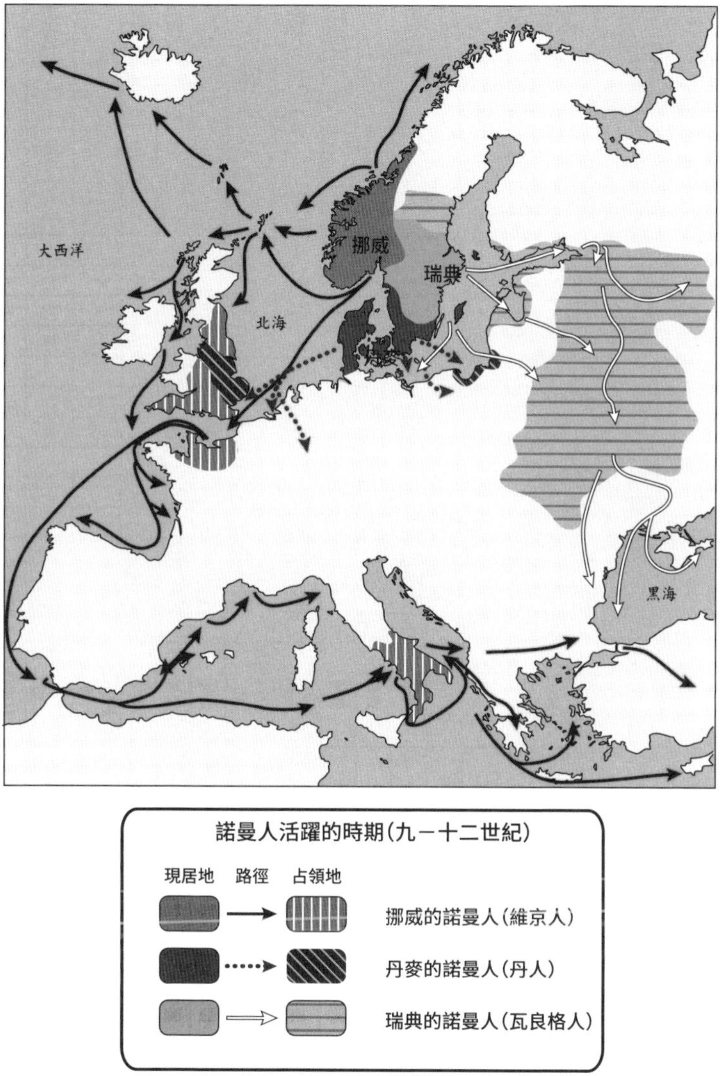

圖6.1 諾曼人的征服地和移動路徑

建立「北海帝國」的丹人

其他還有從九世紀起就開始侵略英格蘭、並在其東部地區定居下來的丹人（Dane或Dani），他們居住的地區稱作丹麥區（Danelaw）。

雖然之後英格蘭人曾統一過不列顛島，但丹麥—挪威國王丹人斯文一世（Svend I）在新一輪的猛攻之後，終於在一〇一三年登上英格蘭國王的寶座。

到了斯文一世的繼承者克努特一世（Cnut I）時，成功將國家擴張為北海帝國。然而好景不常，帝國在克努特一世過世後迅速土崩瓦解了。丹人建立的王朝在統治上相當具有個人主義色彩，因此國家在很大程度上是靠著克努特的個人能力來支撐的。北海帝國的迅速覆亡，究其原因還是在於沒有一套完善的法制架構。

諾曼人和丹人原本就相當重視個人之間的連帶關係，因此由他們建立的國家通常都帶有個人主義特色。所以只要國王一過世，國家往往就容易陷入崩壞的危機。

雖然我們在提到英格蘭時，總會有一種這是由盎格魯撒克遜人所建立的國家的錯覺，但我們不能否定，這片土地也可能是由維京人的克努特一世和諾曼第公爵威廉等，從大陸地區直接統治的王國。

此外，日本人對維京人的印象，通常建立在丹麥維京人上，但我們也不應該忘記瑞典維京人（瓦良格人，Varjager）的存在。當丹麥維京人向西前行時，瑞典維京人正往東開拓。

瑞典維京人於九世紀後半葉征服了諾夫哥羅德（Novgorod）公國，在從英國到東歐的廣大區域上進行商貿活動。雖然本章不對這段歷史做進一步的介紹，但希望讀者們能記住，瑞典維京人也是推動了歐洲商業網絡發展的「移民」。

維京長船——維京人縱橫四海的靠山

當我們仔細檢視維京人的活動區域時，一定會對它的遼闊印象深刻。這個範圍以北海和波羅的海為中心，遠達地中海、黑海和裏海。

維京人使用的船隻叫做「維京長船」（Longship），它是一種吃水較淺而細長的船。長船上原來裝有船槳，但隨著時代演進，之後則改為帆。

關於長船，研究波羅的海貿易的專家，大衛・柯比（David Kirby）和梅里亞—莉薩・辛卡恩（Merja-Liisa Hinkkanen）做過以下表述：

「被釘子牢牢固定住」的北歐人（諾曼人）長船，無疑是令無數沿岸居民們心驚膽跳的夢魘。另一方面，從可以望見商船那寬大船首的岸上眺望，船隻的風采則為冰島詩人們帶來了創作的靈感。詩人們讚美長船就像「胸部豐滿」的女性，是航行在運河上的倩影。在吟唱詩人（skald）的作品中，細長而富有伸縮性的軍船，到了十三世紀的「薩迦」裡，也只能讓道給身形巨大的長船。一〇〇〇年前後，於斯沃德海戰（Battle of Svolder）中，載著奧拉夫・特里格維松（Olaf Tryggvason）在波滔中赴死的長蛇號（Ormen

維京長船（奧斯陸，維京船博物館）

Lange），以及從一二六二到六三年之間，奉國王哈康四世（Haakon IV）哈康森（Haakonsson）在卑爾根建造的「克利斯廷號」等船隻，全長都在二十五公尺以上。從一〇〇〇到一三〇〇年間，普遍認為被丹麥和挪威國王所徵用的長船，平均每艘船的規模都擁有二十到二十五個船室，船上有六十到一百位船伕（船室為船中的一個區域，藉由緊鄰的兩組肋材和梁柱繫在一起做出隔間）。一二六二年時，挪威的哈康四世率領著上述大小的船隻至少一百二十艘，開始對蘇格蘭發動大規模的戰爭。[5]

5《歐洲北方之海——北海、波羅的海的歷史》（暫譯），玉木俊明、牧野正憲、谷澤毅、根本聰、柏倉知秀等譯，刀水書房，二〇一一年，頁一二五。

吃水淺的特點，讓船隻利於在河川移動，而龐大的身軀，增加了可以乘載的人數。這些都讓維京人一旦化身為驍勇的戰士時，往往是勝利女神眷顧的一方。維京人之所以如此令人聞風喪膽，原因恐怕也出自於他們所使用的船隻。

「商業復興」與維京人

這裡再來談一下在前一章介紹過，由比利時歷史學家皮雷納提出的「商業的復甦」。

根據皮雷納的見解，歐洲在七世紀以後，因受到伊斯蘭勢力進入地中海的影響，導致商業活動大幅衰退，成為以農業為中心的社會。這讓歐洲人幾乎斷絕了和遠方從事商貿活動。

但就在進入十一到十二世紀後，伊斯蘭勢力逐漸退出地中海，維京人對北海和波羅的海的掠奪也告一段落，歐洲周邊的海域終於迎來和平的時代。

雖然在前一章已經指出，皮雷納誤判了伊斯蘭勢力所擔負起的角色，但在這裡必須說，他還過度低估了維京人做出的貢獻。

在皮雷納還在世時，或許維京人就只有掠奪者這個形象。然而時至今日，學界的主流觀點已經認同維京人以商人角色活躍於英國到俄羅斯之間廣闊的商業網絡上。

儘管事情的分析觀點存在著時代的限制，但皮雷納對如此廣大的商業網絡一無所知，造成「商業的復甦」從前提上就是一個漏洞百出的觀點。

地中海的商業並非復甦，從某個程度上來說是持續著。包含北海、波羅的海在內的商業圈，則有賴維京人的經營，開發出許多新的商業路徑。

正如Viking一詞所示，維京人在歐洲，尤其是北歐地區移動然後定居下來，並在北歐各地進行商貿活動。維京人可說是構築了北歐商業網絡，當之無愧的「移民」。

如果沒有維京人，歐洲商業圈的命運應該會大為不同。雖然皮雷納認為維京人的存在對商業帶來負面的影響，但我想強調的是正向的那一面。

例如在十一至十二世紀時，漢薩同盟在北歐逐漸嶄露頭角。該同盟是一個以北海、波羅的海沿岸的德國城市（呂貝克、漢堡、布萊梅、羅斯托克等）為核心，由商人和都市所集結而成的商業聯盟。

同盟成員使用一種從船首到船尾，宛如將堅固的堡壘安裝在船身上半部的柯克船（Kogge）。一般說來，柯克船比維京人的長船更加牢靠且高大，這在戰爭中具有絕對的優勢。

漢薩同盟的商人會為了在維京人開拓出來的路徑上進行商貿活動，而使用柯克船。從這層意義上來看，要說讓漢薩同盟大顯身手的路徑，是由維京人所打造的也不為過。

荷蘭商人是漢薩同盟的繼承者，他們不止擴充了以波羅的海為中心的貿易網絡，還前進亞洲和新大陸。歐洲範圍的擴大不在地中海，而是從波羅的海和北海等，位於歐洲北方的海洋邁出步伐。由上述內容來看，從長期來說維京人的活動，為歐洲帶來了走出去的契機。

第七章　葡萄牙並非大航海時代的失敗者

撒哈拉縱斷貿易帶來巨大的利益

眾所周知，葡萄牙是歐洲帝國主義時代的先驅。但是葡萄牙之後因敗給了荷蘭、英國和法國，給世人留下了該國勢力極速衰退的印象。

然而在當代研究的主流中，提出了不同於傳統認知的詮釋。

從七世紀展開的世界伊斯蘭化，首先從中亞開始，之後擴及到非洲。這個影響明顯地反映在十世紀中葉時成形的、貫穿撒哈拉沙漠南北兩面的撒哈拉縱斷貿易（見圖7.1）上。

貿易中主要交易的商品為岩鹽和黃金。這兩項商品都不是和原產地直接進行交易，而是以廷巴克圖和傑內為據點，透過中繼貿易的方式來進行。

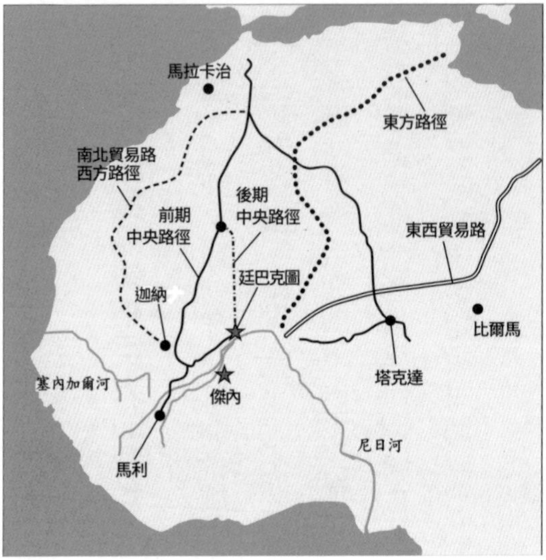

圖7.1　撒哈拉縱斷貿易路徑

在這一區域內曾受到迦納王國（八—十一世紀）、馬利帝國（一二四〇—一四七三）和桑海帝國（一四六四—一五九〇）的統治，而無論哪一個國家都因積攢了大量財富而獲得長足的發展。

特別是版圖從塞內加爾河北部延伸至甘比亞河南部，擁有遼闊領土的馬利帝國，特別重視國內的商業發展，還制定了維護貿易安全的架構。此外因政治相對穩定，商貿往來盛極一時。

穆斯林商人控制著由貿易所產

生的龐大利益。從在北非建國的穆拉比特王朝（一〇五六－一一四七），甚至是興起於摩洛哥的穆瓦希德王朝（一一三〇－一二六九）時期開始，穆斯林商人就一直從事著商貿活動。

阿拉伯商人把從撒哈拉沙漠北部運來的岩鹽送到廷巴克圖，將從森林地區運來的岩鹽送到傑內，然後用從撒哈拉沙漠南部的幾內亞得到的黃金來做交換，這些黃金也是他們用來和歐洲做生意時的資材。

黃金對地中海沿岸地區的人來說，具有非凡的價值。用來運送黃金所使用的是單峰駱駝，因為這種駱駝對食物不挑剔，還能在沙地上行走好幾天卻不用喝水，因而受到青睞。就這樣，大量的黃金靠著單峰駱駝運送，從幾內亞出發送往歐洲。

這片區域裡原本也存在著地方上的傳統宗教，但伊斯蘭的勢力透過控制商貿網絡而逐漸增強。在信仰伊斯蘭教的桑海帝國取得統治權後，非洲的伊斯蘭化越加顯著。

從「收復失地運動」到大航海時代

和上述內容在同一個時期發生的事情，還有當進入八世紀後，伊比利半島上逐漸興起了驅逐過去入侵半島的穆斯林的運動，此舉被稱作「收復失地運動」（Reconquista）。收復失地運動一直持續到一四九二年，西班牙人將伊斯蘭勢力趕出半島，完成國家統一為止。

另外於一〇九六年時，呼應羅馬教皇的徵召而集結的十字軍，也為了從穆斯林手中奪回聖地耶路撒冷，展開了第一次遠征。

這裡我希望讀者們注意的是，被伊斯蘭勢力包圍的歐洲，從內部發展出突破這層包圍網的行動。而這些行動又和之後由葡萄牙揭開序幕的大航海時代相互連結。正如所見，歐洲的四周被伊斯蘭勢力包圍，如果想要走出去，只有從非洲西岸揚帆出海一途可選。

葡萄牙的「航海家」亨利王子是大航海時代的先驅者。我在前面說過，撒哈拉沙漠上已有穆斯林商人從事縱斷沙漠的貿易，並從西非地區獲取黃金。航海家亨利王子的行動應該是覬覦這些黃金，欲奪之而後快。

雖然亨利被稱作「航海家」，但他因為會嚴重暈船而無法乘船，這件事倒是流傳甚廣。無論如何，在亨利王子的指揮下，葡萄牙人終於不用再經過穆斯林之手而取得黃金了。

有些學者主張，葡萄牙人從事航海活動的動機不是為了黃金，而是為了辛香料和貴金屬。然而若真是為了獲得辛香料，葡萄牙在開始探索非洲時，其實就已經知道通過好望角可以前往亞洲產地的途徑，因此這個主張可以說不攻自破。

另外，葡萄牙人希望不用透過穆斯林商人就能獲得黃金的想法，遠比他們想要獲得貴金屬的看法來得合理。

葡萄牙在非洲大陸上不斷往南推進，如圖7.2所示，葡萄牙在一四一五年侵略了位於非洲西北方的休達（Ceuta），過了幾年後，於一四六〇年抵達獅子山。

接著在一四八五年抵達剛果王國，三年後，也就是在一四八八年時發現了好

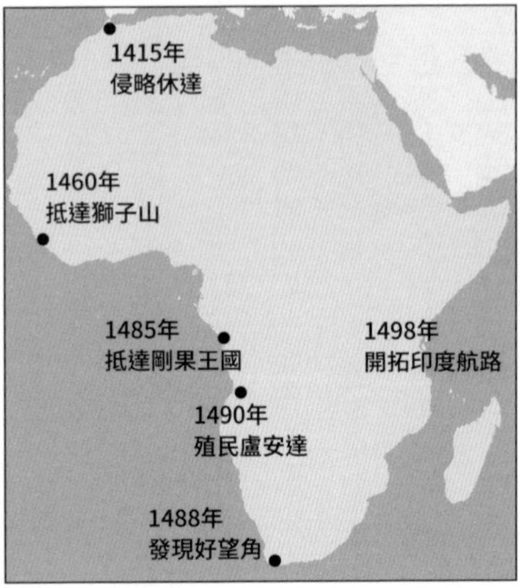

圖7.2　葡萄牙的海外擴張

望角。到了一四九〇年，殖民安哥拉沿岸的盧安達，將這裡當作奴隸貿易的據點。

葡萄牙進一步和同樣對新世界虎視眈眈的西班牙於一四九四年簽訂了《托德西利亞斯條約》（Treaty of Tordesillas）。這個條約是為了解決葡、西兩國在新世界發生的土地所有權問題而締結的，雙方正式以西經四六度三七分為界，該線東側的土地劃歸為葡萄牙，西側則屬於西班牙。

到了一四九八年，瓦斯科・達伽馬（Vasco da Gama）抵達印度的科澤科德（Kozhikode，又稱卡利卡特），就此開展出印度航線。從這件事來看，葡萄牙是大航海時代的主角確實無庸置疑。

主流的觀點認為，葡萄牙在之後很短暫的時間裡，陸續割讓了許多殖民地給英國和荷蘭，導致國力迅速衰退。帝國政治上的葡萄牙的確是衰敗了，但由該國建立起來的商業網絡並沒有因此失去影響力。

葡萄牙的亞洲經略

葡萄牙國王曼紐一世（Manuel I）在一四九七至一五〇六年間，總共派出了八次印度遠征隊，此事可看作葡萄牙認真的在尋找進軍亞洲的機會。

一五〇九年，阿方索・德・阿爾布克爾克（Afonso de Albuquerque）在第烏海戰（Battle of Diu）中擊敗了伊斯蘭勢力馬木路克王朝的艦隊，讓葡萄牙成為阿拉伯海的新霸主。阿爾布克爾克在一五一〇年占領了印度的果阿，並在該地建立了堅固的要塞，隨後他還在一五一一年滅掉馬來半島上的馬六甲王國，占據了生產辛香料的摩鹿加群島。

香料既然可以透過好望角路線取得，從紅海經亞歷山卓再送往義大利的東方貿易路線便從進入十七世紀後開始衰退。這個結果意味著，歐洲不用再透過穆斯林和亞洲商人之手，具備了以自己的力量輸入辛香料的能力。

另一方面，歐洲走向世界的腳步在這段期間內也沒有停下。一五二二年時，西班牙的麥哲倫完成了航行世界一周的壯舉。這件事讓世人了解到地球是一個球體，是無法用一條線來切割的。因此西班牙和葡萄牙為了瓜分全世界所簽訂的《托德西利亞斯條約》，在內容上存在著諸多問題。

為此，葡、西兩國在一五二九年時簽訂了新的《薩拉戈薩條約》（Treaty of Zaragoza），以通過東經一四四度三〇分的經線再次瓜分了世界。依據條約內容，這條經線以西為葡萄牙領地，以東為西班牙領地，摩鹿加群島就此正式成為葡萄牙的領土。新的條約雖然讓大半個太平洋落入西班牙手中，但葡萄牙也獲得了幾乎整個亞洲。

或許正是由於葡萄牙率先由好望角路線進入亞洲發展，才能簽下在亞洲擁有

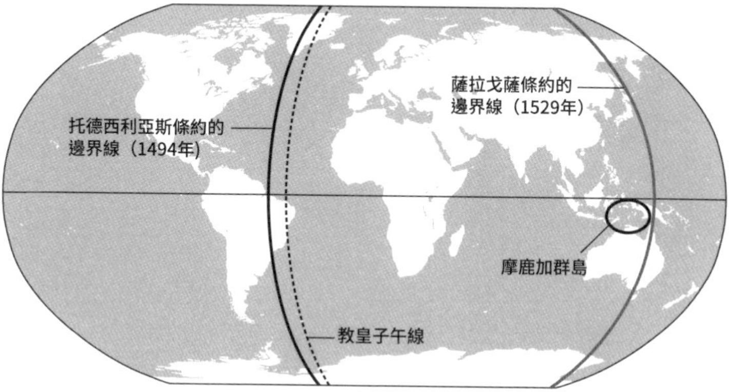

圖7.3　《托德西利亞斯條約》、《薩拉戈薩條約》

如此優勢條件的條約。《薩拉戈薩條約》簽訂時，西班牙正處在橫斷太平洋，試圖將勢力伸入亞洲的高峰期，並在一五七一年於菲律賓建立馬尼拉。

新基督徒的動向

當葡萄牙的勢力進入亞洲後，荷蘭、英國、法國、丹麥、瑞典等國家也紛紛設立東印度公司，推動經由好望角路線對亞洲的商貿活動。

之後，荷蘭和英國陸續奪下了新加坡等，原來屬於葡萄牙的殖民地。英國將印度、荷蘭將印尼作為根據地，在亞洲建立起自己的殖民帝國。

英國東印度公司逐漸掌控了整個印度，荷蘭東印度公司以印尼的巴達維亞為根據地，將印度東岸的普利卡特（Pulicat）、印度西岸的蘇拉特（Surat）和臺灣作為中繼站從事商貿活動。

英國後來更從廣州進口茶葉，荷蘭則於一六二〇年代時，在進口辛香料的數量上超過了葡萄牙。英國及荷蘭之所以能夠發展得如此迅猛，原因在於有國家的力量在背後支撐。

另外，荷、英兩國的東印度公司除了都擁有國家的特許狀，可以獨占好望角以東的貿易權外，還允許公司的員工在亞洲為了獲取私利，能進行私人的貿易行為。

正因如此，許多人受到吸引移居到亞洲，並在獲得巨額利潤後衣錦還鄉（當然也有不少壯志未酬，客死異鄉的人）。

相較於荷、英兩國，葡萄牙不靠國家的力量，而是以商人獨自的組織為中心來從事貿易活動，因此所追求的利益無關國家，而是個人的。

在葡萄牙背後支撐著該國海外擴張的是新基督徒（New Christian，收復失土運動結束後，改信基督教的人）。在他們之中，有不少人過去因信仰猶太教，受到葡萄牙國王設於印度果阿的宗教裁判所迫害。然而要想一網打盡這些活躍於走私貿易的商人（新基督徒）根本是天方夜譚。從這件事我們可以知道，葡萄牙在本質上其實是一個「商人的帝國」。

葡萄牙就算失去了領土，卻依然能夠在該地區的商貿活動中扮演核心要角，原因在於葡萄牙進行商業活動的主體並非國家而是商人。事實上，直到十九世紀初期為止，從波斯灣到澳門間的通用語言仍是葡萄牙文。

不只如此，在荷蘭的殖民地印尼的帝汶島上，是由葡萄牙人來替荷蘭從事商貿活動的。而在南海上負責斡旋中國人和日本倭寇的角色，也是由葡萄牙人來擔任。

葡萄牙商人的力量，強大到足以跨越不同國家之間的藩籬。

耶穌會靠走私賺大錢

耶穌會雖然不是國家而是一個組織，但它在葡萄牙勢力的全球擴張上，扮演著舉足輕重的角色。

耶穌會絕非只從事傳教活動，它們同時還追求商業上的利益，其影響所及甚至遠達日本。耶穌會成員和葡萄牙商人一起向處於戰國時期的日本提供武器，對完成日本統一做出了貢獻。

根據研究對外交涉史的日本史學者安野真幸指出，果阿—馬六甲—澳門—長崎這條路線，不只是支撐著耶穌會在日本傳教活動的經濟補給線，同時還是軍隊的後勤路線。

另外《耶穌會的世界戰略》（暫譯）等書的作者高橋裕史也表示，耶穌會使用「拿屋船」（nau，代表大航海時代的一種大型帆船），把武器從澳門運往日本，提供給信仰基督教的吉利支丹大名[6]（キリシタン大名）。當時耶穌會對日本來說，是能夠提供歐洲製武器的「死亡商人」。

馬六甲和日本之間的貿易路線是一條收益最高的貿易路線，本來是以走私的形式進行，耶穌會在將近一個世紀的時間裡獨占這隻金雞母。

其實不只上述這條貿易路線，因為亞洲原本就存在著許多走私貿易，所以耶穌會應該在過程中狠狠地撈了一筆。當然除了耶穌會之外，和他們一起行動的葡萄牙商人肯定也是荷包滿滿。

在新世界擴張的貿易網路

關於黑人奴隸的貿易，會在第九章詳述，這裡只簡單稍做說明。到目前為止的

6 吉利支丹大名是基督教傳入日本之後，接受洗禮成為信徒的基督徒戰國大名（諸侯）。日本戰國時期著名的吉利支丹大名有高山右近、小西行長等人。

研究認為，進入十七世紀中葉以後，葡萄牙人開始把關注的焦點從亞洲移到巴西。

但最近的研究指出，事實上葡萄牙和不同的地區之間都存在著深厚的連帶關係。葡萄牙本土、在亞洲的殖民地和新世界的殖民地（主要為巴西），都住著新基督徒的親戚，並形成一個網絡。

也就是說，始於葡萄牙進而擴及到亞洲的新基督徒的關係巨網，越過了大西洋，延伸至巴西、秘魯、墨西哥等地。對於把歐洲、大西洋和亞洲整合成一個貿易網，這張網發揮了相當重要的影響力。

讓我們來看看實際的情況。直到一五八〇年為止，葡萄牙人將印度棉送往北非和東方（levant）地區。

在西非，於印度的古吉拉特（Gujarat）、信德（Sindh，現在屬於巴基斯坦）和坎貝（Khambhat）購入的低品質織品於市場上流通，葡萄牙人將其收入用來交換奴隸。這是一項可以獲得暴利的交易，因為這些奴隸在巴西的市場上，可以用高於購買時五倍的價格售出。如果是在加勒比海和墨西哥的市場上，甚至可以八倍的價差售出。

葡萄牙人進一步在西非交換黃金和象牙，並販賣英格蘭和佛萊明地區的亞麻。葡萄牙人從亞洲和歐洲兩地調度布料並運往西非。

其中，印度棉在東南亞則被當作購買辛香料的媒介。關於印度棉送往東南亞的方式，研究棉的歷史專家喬吉奧．列略（Giorgio Riello）如是說道：

> 陸地和海洋，對於棉和其他商品在貿易上所使用的方法並非互不相容，而是相互補足的關係。人們從船上卸下貨物，然後將它們安在駱駝的背上，當然，也會有順序顛倒的情況。其二，這是一項需要依賴不同媒介的貿易。只靠一個商人將原產地的商品從大老遠送到消費者手中的情況，是非常罕見的。商品經手人的改變，或許會達數次之多。例如從古吉拉特出發，得花整整一季的時間才能抵達馬六甲。且因為季風的關係，商人還必須等到明年三月，才能返回。（Giorgio Riello, *Cotton: The Fabric that Made the Modern*

World, Cambridge, 2013, p.23）[7]

從這段敘述可以知道，以印度的棉為中心，大西洋和印度洋，甚至連東南亞，都結合成一個密不可分的商業圈。而運送這些棉的船隻，則掌握在葡萄牙商人的手上，這個事實相當重要。

相較於葡萄牙商人，亞洲商人是絕對不會越過好望角前進歐洲的。這兩者之間的不同之處，成為日後歐洲和亞洲在發展上的決定性差異。

葡萄牙絕非「失敗者」

正因如此，歐洲商人中尤其是葡萄牙商人，擁有廣袤的貿易圈。另外，從十七世紀後半葉到十八世紀時，在葡萄牙國王的許可下進行的，亞洲—巴西—亞洲的直接貿易路線，也值得留意。

一六九二年，葡萄牙的船從印度駛向巴西的巴伊亞（Bahia），再從巴西出發返回里斯本。一六九七至一七一二年間，從里斯本航向亞洲的三十九艘船中，有二十二艘先是停靠在巴伊亞，再回到里斯本。這些船隻為了換取巴西的黃金，在亞洲大量收購印度棉以及中國製的陶瓷器和絹。

如此一來，除了黃金以外，巴西也開始輸出可以在亞洲販賣的商品。像鼻煙和砂糖，在果阿和澳門的生意就相當興隆。就算進入到十八世紀，葡萄牙商人依舊活躍在亞洲和大西洋的貿易活動中，他們能將這兩個區域的海洋連結在一起，即是最好的證明。

十三到十四世紀時，蒙古帝國的人們透過陸上途徑將歐亞大陸世界連結在一起。蒙古帝國雖然也重視海上貿易，但本質上仍然是個由游牧民族所建立的國家，因此無法將被海洋分隔開的世界串連在一起。與蒙古人不同的是，葡萄牙人

7 該書的中文版為《棉的全球史》，由上海人民出版社於二〇一八年出版。

的足跡遍布世界各地，在某些情況下甚至定居在異鄉。他們藉由海上途徑將世界各地連結在一起。

有些人認為，由荷蘭人所建立的網絡應該較葡萄牙人的更為重要。的確，荷蘭人的力量在以東南亞為中心的亞洲實在難以忽視，但在整個新世界的影響力卻相當有限。至少和葡萄牙人相比，荷蘭人的商業圈僅限於亞洲的範圍內。

另外，進入十七世紀尾聲，葡萄牙商人還在商貿活動上和英國以及荷蘭的東印度公司攜手合作，因為不論是哪個國家的東印度公司，都沒有和葡萄牙作對的必要。

前面提過，政治上的葡萄牙帝國雖然沒落了，但由葡萄牙人建立的商業網絡，卻沒有因此而淡出歷史的舞台。對於葡萄牙人特別是葡萄牙商人，我們應該更加認真看待他們在世界史中發揮的重要性。

第八章　亞洲——異文化間交易圈

東南亞的伊斯蘭化

安東尼・瑞德（Anthony Reid）堪稱當今研究東南亞商業史的翹楚。瑞德稱東南亞在一四五〇至一六八〇年之間為「貿易時代」。他主張在這個時期裡，東南亞的貿易呈現大幅度的成長。

學術上深受瑞德影響的傑夫・韋德（Geoff Wade），則將九〇〇至一三〇〇年這段時間稱為「初期貿易時代」。韋德將瑞德研究對象之前的時期冠上「初期」，指出這是一個貿易在擴大中的時期。

韋德認為在八至十一世紀時，除了印度洋和阿拉伯海外，東南亞地區也逐步伊斯蘭化。在占婆（位於今天越南中部到南部之間的地區）和中國，以至於南海和東南亞地區，都可以發現穆斯林的社群。

十一世紀後半葉時，來自阿拉伯的使者經由東南亞前往中國出訪。當時正值中國將海上貿易的據點從廣州移至泉州，而泉州也立即建起了清真寺。這件事可視作伊斯蘭的力量藉由海上路徑對中國產生影響的佐證。在十二到十三世紀的海上貿易浪潮中，泉州的伊斯蘭勢力具有不容小覷的影響力。

印度出土過中國宋代時期的銅錢，而宋朝的銅錢也曾流通於東南亞地區。日本則是從平安時代中期開始，使用宋代的銅錢。中國的貨幣透過海洋成為亞洲世界的通用貨幣，證明了區域市場已形成一體化。而把中國的貨幣帶到各地的，則是以印度為中心的穆斯林商人。

另外，埃及的馬木路克王朝於一三四五年時，藉由和義大利的威尼斯簽署一紙條約，強化了對於在貝魯特（黎巴嫩）和大馬士革（敘利亞）活動的駱駝商隊的控制力量。馬木路克王朝會這麼做的原因，當然和駱駝商隊活躍於從中東到東南亞的貿易路線上脫不了關係。在馬木路克王朝的統治下，東南亞和地中海之間的紐帶獲得相當地強化。

穆斯林商人不但控制了大部分駱駝商隊的連帶網絡，在連結東南亞和地中海上，也扮演著舉足輕重的角色。根據瑞德的研究指出，在一四〇〇至一四六二年間，馬六甲、蘇門答臘、摩鹿加群島中的蒂多雷（Tidore）等地，正值伊斯蘭化的時期。當時不是只有穆斯林從印度來到這些地方，東南亞的商人也成了穆斯林。而汶萊、馬尼拉和占婆等地也陸續伊斯蘭化。

到了十五世紀末，馬六甲的地位日益重要。馬六甲海域發展為阿拉伯帆船（dhow，常見於阿拉伯海和印度洋的傳統帆船）和戎克船（junk，常用於東南亞海域的帆船）的節點，成為亞洲地區中海上貿易的最大要衝。

就這樣，東南亞這個巨大異文化交易圈的網絡，將歐洲、非洲以至於印度洋世界，全部串聯在一起。穆斯林商人在這個網絡裡大顯身手，他們一邊開拓商場，同時有不少人也移居到此地。

但自從葡萄牙人於十五世紀末進入這個地域後，歐洲取得了這條貿易路線。

原本以穆斯林商人為中心的印度洋，也變成葡萄牙商人活躍的舞台。

永樂帝與鄭和的遠征

另一方面，中國從十四世紀後半葉開始的兩個世紀裡，人口大幅增加。明朝在永樂皇帝當政時，之所以盛行以對外貿易為目的的海外行動，也和人口成長帶來國內需求增加有關。

明朝的貿易對象大部分以東南亞為主，這也為東南亞的商貿活動帶來長足發展。永樂皇帝時，派遣了既是宦官也身為穆斯林的鄭和，率領「寶船」遠航到阿拉伯半島，採取積極的對外政策。永樂皇帝是一位體現了中國貿易擴大時期的君王。

永樂帝時期，明朝和周邊國家的朝貢貿易體制達到頂峰。「朝貢貿易體制」指的是「處在文明中心的中國王朝，對周邊的蠻夷之邦施予恩惠」的制度。該制度是中國周邊的國家，用朝貢品來換取中國下賜品的經濟活動。這個制度之所以能夠成立，是因為中國較其他國家具有壓倒性的經濟實力。

然而在一四二四年，永樂帝過世後，中國積極的對外政策戛然中止。不僅如此，一四三六年時，連用作大洋航海的船舶建造也被取消。雖然具體的理由不在本書的討論範圍內，但中國從明朝開始走向封閉，儘管朝貢貿易體制仍在運作，但中國不再進行海外的擴張活動。

我們可以從上面的內容窺知，當時擁有領先世界先進技術的中國，是如何開始步向衰退的。

貿易據點——琉球

日本首次進入東南亞地區，也是在上述的大背景之下。正確來說，應該是當時還不是日本領土的琉球，出現在東南亞的國際關係舞台上。

琉球是東亞和東南亞之間的重要節點，琉球不但積極對中國進行朝貢貿易，還派遣船隊前往東南亞的主要貿易港口。例如從一四二八至一四四二年間，琉球就曾派遣使者前往泰國的阿瑜陀耶王國至少十七次、蘇門答臘島的巨港八次、爪哇八次。

琉球和中國以及東南亞諸國一樣，都是利用戎克船來進行貿易。如圖8.1所示，琉球和堺及博多之間也有貿易往來關係。

雖然琉球王國在十四世紀起分裂為北山、中山和南山三個政權，但在一四二九年時，中山王尚巴志完成了王國的統一。然而實際上在國家統一之前，熱絡的貿易活動早就行之已久了。

根據知名的中國史學者濱下武志的研究，琉球從一三八〇年代後期起，似乎就開始和暹羅有貿易往來了。

琉球在和明朝的朝貢貿易中，把辛香料作為朝貢品。從這點可以得知，琉球在和東南亞進行貿易時，所使用的應該是自己的船隻才有可能做到。

而暹羅在呈給中國的朝貢品中，雖然也有硫磺、馬匹、胡椒、蘇木和其他南洋一帶的產品，但推測這些都是透過和琉球進行貿易所得到的。

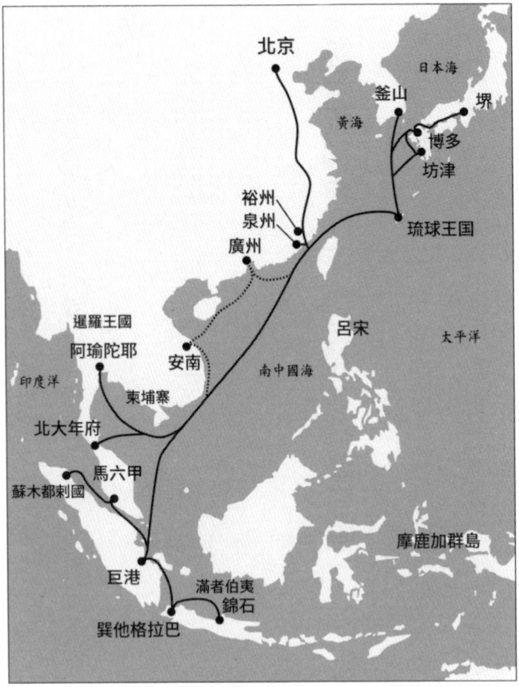

圖8.1　琉球王國的主要貿易路線

出處：根據Takeshi Hamashita, "The Lidan Baoan and the Ryukyu Maritime Tributary Trade Network with China and Southeast Asia, the Fourteenth to Seventeenth Centuries",in Eric Tagliacozzo and Wen－chin Chang（eds.）, *China Circulations: Capital, Commodities, and Networks in Southeast Asia*, Durham and Lodon, 2011,p.108的內容製圖。

從史料中可以看到，永樂皇帝曾對地方政府下達命令，要為暹羅的船隻進行維修，並為船員提供糧食，想必這是因為暹羅的船隻有繼續航行至朝鮮或琉球的能力。

明朝當時在位的永樂皇帝，必然樂見東亞範圍內交易網絡的擴大。

琉球為何和中國能維持長久的關係呢？

從元代後期到明代之間，中國人開始在暹羅和蘇門答臘島的巨港等地定居。另外，在印尼最後的印度教王國滿者伯夷的全盛期（十四世紀中葉），也就是哈亞·烏魯克（Hayam Wuruk）國王當政的時代，中國人開始移居到爪哇。

到了十四世紀的尾聲，位於南海的國家開始和中國、日本、朝鮮、琉球等國家展開貿易活動，其中當時已定居在南海諸國的中國人，在這個時期發揮了相當大的作用。

前往南海地區的琉球人，主要的貿易對象也是當地的中國人。琉球和巨港開始建立關係始於一四二八年，和爪哇則為一四三〇年。巨港和爪哇等地的港口之所以能興盛起來，其實都有賴於中國人在此地的商業活動。琉球人之所以和中國本土之間維持著往來，其理由也在於此。

當時東亞的國際關係由中國的朝貢貿易制度所制定，定居於海外的中國人在這個制度中扮演著重要的角色，而琉球是善用此制度的高手。

研究琉球史的學者黑嶋敏指出，明朝時移居到琉球的華僑，不但主導了琉球王國的對外貿易，還幫琉球爭取到許多對明朝在外交往來和通商上的諸多優惠待遇。

在這樣的背景之下，讓琉球不只局限於東亞，還將貿易網絡擴大至東南亞的暹羅、巨港、爪哇、蘇門答臘和安南（越南）等地。顯然在十五世紀時，琉球完全是一個獨立於日本的國家，而且還在東亞及東南亞之間，構築了一個緊密的關係網絡。

葡萄牙人和亞洲

大約在十六世紀中葉，火繩槍（日文漢字寫作「鐵砲」）傳入日本，此事和耶穌會應該脫離不了關係。直到今天為止，一般認為在一五四三年時，因葡萄牙人偶然漂流至日本的種子島，才將火繩槍帶進日本。

然而，火繩槍如果真是由種子島開始擴散開來的話，理應只有一種類型才是，但實際上，當時日本國內所使用的火繩槍，卻存在著不同的類型。因此火繩槍是由種子島開始擴散的說法，已經受到挑戰。

有一說認為，是倭寇將火繩槍帶進日本的。如果此說成立的話，倭寇應該是經由葡萄牙商人或耶穌會之手拿到火繩槍的。

當時，葡萄牙人（尤其是耶穌會）已經來到亞洲，葡萄牙商人和耶穌會的傳教士們，從他們位於亞洲的據點——果阿出海，經由馬六甲海峽來到澳門。

葡萄牙人把從果阿攜出的歐洲里爾（Real）銀幣、橄欖油、葡萄酒，甚至是東南亞的辛香料等，用來交換輸入至日本的生絲、黃金和絹織物等商品。而這些商品和火繩槍一起流通於日本各地的市場。

此一時期日本雖然沒有用於出口的商品，但卻有大量從石見銀山[8]等地產出的銀礦。葡萄牙商人將日本的銀裝滿船艙後先航向馬尼拉，然後在當地購買中國的生絲和絹織物後，再返回果阿。

正如前面所述，十五世紀時，將印度和東南亞連結起來的是穆斯林商人。然而當葡萄牙商人揭開了大航海時代的序幕之後，這條路線就被他們給拿下了。之後葡萄牙商人更進一步利用琉球等國家所使用的貿易路線，和日本進行商貿往來。目前我們已經知道，琉球和葡萄牙的貿易網絡中，有許多重疊之處。

8 石見銀山位於日本的島根縣，發現於十六世紀初，在江戶時期由德川幕府直接統轄。該銀山在十七世紀時達到全盛，最後於一九二三年休山。

德川幕府採用近代性的貿易政策

十六世紀時，日本相當可能唯有和葡萄牙人攜手合作，才能繼續從事貿易活動。

豐臣秀吉在一五八七年時發布了「伴天連追放令」[9]，之所以會有這道命令是因為耶穌會破壞了日本的神社和佛寺，並脅迫日本人改信基督教所致。

另外，當豐臣秀吉於一五九〇年統一全日本後，他就必須著手取締由倭寇等勢力行之有年毫無章法的貿易活動和掠奪行為。政府迫切需要出面來管理貿易活動。

秀吉用發行「朱印狀」的方式，讓持有朱印狀的船隻才能進行合法的貿易活動。岩生成一表示，雖然在秀吉的時代，朱印狀只能看作是日本國家內部的證件。但等到德川家康取得政權後，家康對和日本有生意往來的國家發出通告，希望這些國家不要和沒有朱印狀的船隻做生意，這種「朱印船制度」從一六〇四年開始實施，到一六三五年結束。

在這個制度下，朱印船航向東亞和東南亞，日本也由此進入了貿易大幅擴張的時代。

由政府來管理貿易，是備受近代國家認同的方式，可以說德川幕府採行了一個非常具有近代性的政策。

南洋地區的日本人町

德川幕府時期的日本，是世界上少數盛產金、銀礦的國家。日本對外輸出豐富的礦產資源，輸入生絲和絹織物等商品。負責這項貿易的不只有葡萄牙人，還

9 該命令於一五八七年七月二十四日，由豐臣秀吉在九州筑前的箱崎所頒布，內容包含限制基督教的傳播及對外貿易。

有日本人。這些日本人抱著一攫千金的美夢移居海外，在居留地建立起聚落，這樣的聚落就是「南洋日本人町」。

雖然著名的南洋日本人町位於越南中部的會安（Hội An）、峴港（Da Nang），泰國的大城府（Ayutthaya）、呂宋島馬尼拉郊外的聖米格爾（San Miguel）和低澇（Dilao，音譯）、柬埔寨的金邊和博涅勒（Ponhea Lueu）等地。但實際上在東南亞的許多城市裡都居住著日本人。

馬尼拉當然也存在著日本人的居留地，馬尼拉同時也是西班牙蓋倫帆船（galleon）的出入港。如果我們考慮到日本人在此地得到由墨西哥出產的銀，那麼日本人的商貿網絡中就不只有葡萄牙人，也和西班牙人維持著關係。此外，馬尼拉還是於一六一四年時遭到幕府放逐的「吉利支丹大名」高山右近的流放地。

日本人過去曾活躍於東南亞的許多地區，其中還出現了像山田長政[10]這樣，在暹羅（泰國）嶄露頭角的知名人物。日本的戰國時代除了領土擴張，更是貿易擴大的時代。戰國時期的影響持續到江戶時代初期，當時日本人搭船前往東南亞並不是什麼新鮮事。而且在這群人中，除了商人之外還有不少武士。這些浪人武士應該是為了謀求新的工作機會，而選擇離開自己的故鄉。

然而在一六三九年，幕府頒布了葡萄牙船禁止入港令（鎖國）後，日本人町逐漸步入衰退。那些無法回到祖國的日本人們，在之後的數十年（在某些情況下甚至長達一個世紀以上），在東南亞各地定居下來。在這群人之中，有許多都是基督徒。

正如目前的內容所見，若要追溯日本人在海外的發展，起源可以從琉球在東南亞的貿易活動開始說起。琉球從一六〇九年起由島津藩所支配，因此原本是琉球人的商業網絡，就由日本承繼下來，這個結果對南洋日本人町的形成，發揮了巨大的影響力。

10山田長政出生於江戶初期，十七世紀初葉時來到暹羅的首都阿瑜陀耶，成為當地日本人町的領袖。之後因幫忙平定暹羅的內戰，深得國王頌曇的信賴。

南洋日本人町，是葡萄牙商人（有時是耶穌會）從印度的果阿開始，開展出來的網絡中的一部分。這張網和琉球人的網絡，亦即在更早之前，由伊斯蘭勢力在東南亞建構出來的網絡，重疊在一起。

這張網絡之後會和第十章將會介紹的，亞美尼亞人的陸上路徑連結起來，形成一張涵蓋歐亞大陸世界的巨大商業網。正如過去琉球所扮演的角色那樣，南洋日本人町也是構成這張巨網中的一部分（圖8.2）。

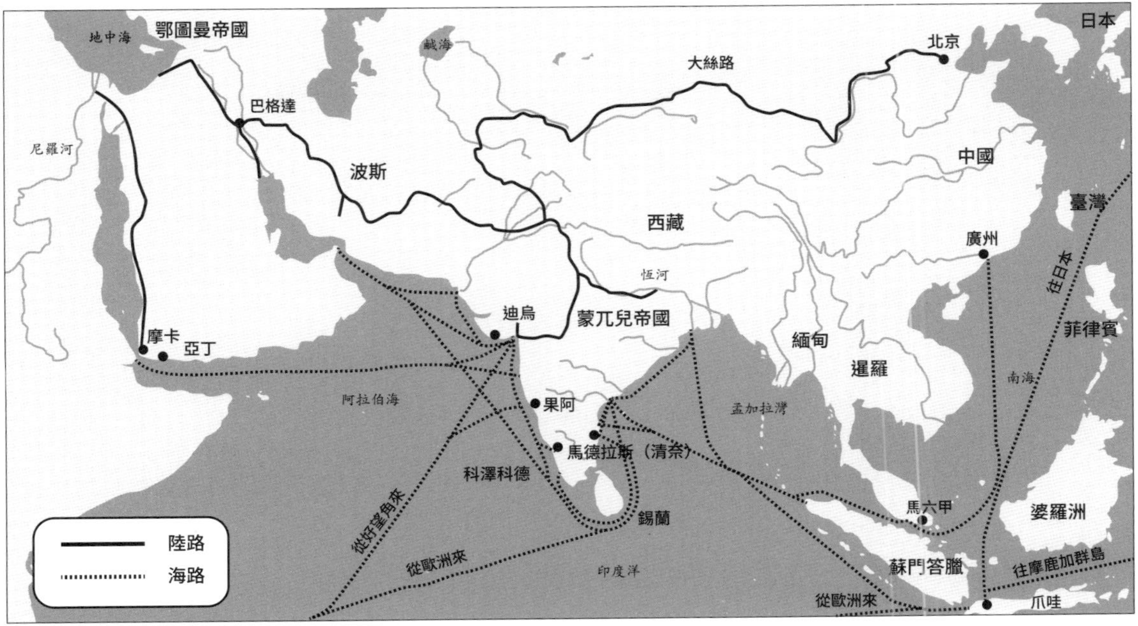

圖8.2　包含日本人町在內的十七世紀商業網絡

出處：根據Ashin Das Gupta, *The World of the Indian Ocean Merchant 1500—1800*, New Delhi,2001,pp.66－67的內容製圖。

第九章　黑人和猶太人掀起的「砂糖革命」

「砂糖革命」

若要說到世界史上數量最大的「移民」，大概非十六至十九世紀時以奴隸身分橫渡大西洋的黑人莫屬了。

當代的研究指出，從西非送往新世界的黑人奴隸，主要被強迫從事甘蔗的栽培。以甘蔗為原料製成的砂糖被送往歐洲，為歐洲人生活品質的提升做出了巨大的貢獻。

砂糖是一種高熱量的食品。直到十九世紀後半為止，許多歐洲人其實都別無選擇地過著貧困的生活。例如在一八四五年時，作為愛爾蘭窮人食物的馬鈴薯，面臨著嚴重的歉收，餓死的人數高達一百多萬人。因此，許多人移民到美國和加拿大，甚至遠到澳大利亞。

從上面這個情況可以推知，歐洲人所攝取的熱量，應該從以前就不多。因此只要少量就可以獲得高熱量的砂糖，就成為重要的能量來源。

然而，歐洲大陸內部並無法大規模栽種甘蔗。因此對歐洲人來說，一直存在著找到溫暖又適合種植甘蔗地區的需求。

甘蔗的原產地為東南亞。於西元八千年前左右開始栽種於東南亞的甘蔗，經過相當漫長的時間後，終於在新世界也能種植了（圖9.1）。

雖然在亞洲，人們也會用甘蔗製作砂糖，但就以中國為例，小規模的生產在歷史中維持了很長一段時間。然而在新世界，因採行大農場（plantation，大量種植單一作物的大規模農園）的栽培方式，立即成功地提高了產量。

儘管大農場的做法引發出森林資源遭到砍伐等代表性的環境問題，但在十七世紀時，新世界的確是砂糖的主要產地。砂糖成為新世界最大宗的出口商品，這個現象稱為「砂糖革命」。

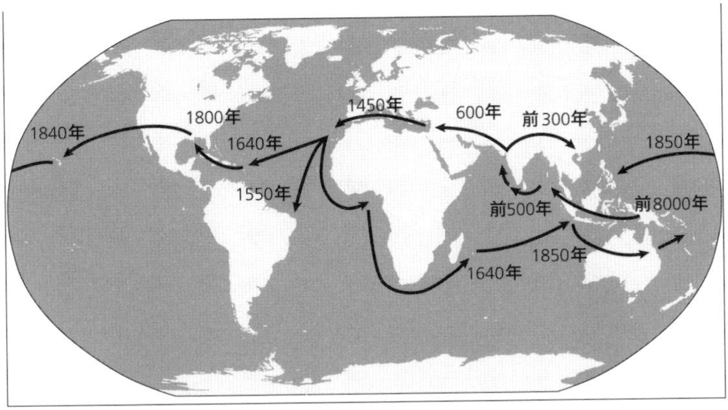

圖9.1　砂糖產量的擴大

出處：根據Urmi Engineer, "Sugar Revisited: Sweetness and the Environment in the early Modern World", in Anne Gerritsen and Giorgio Riello(eds.), *The Global Lives of Things: The Material Culture of Connections in the Early Modern World*, London and New York,2016,p.200.的內容做成。

「砂糖革命」幕後的重要推手，是那些被迫移居到當地的黑人奴隸。除了黑人被當作勞動力來使用之外，之後還會介紹，猶太人在傳播甘蔗栽培技術上的存在也不容忽視。

在本章中，將把「砂糖革命」視為一段由黑人和猶太人所交織出來的歷史。

環大西洋的大變動

葡萄牙人早在一四二〇年左右

開始，就利用黑人在馬德拉（Madeira）群島種植甘蔗。進入一四五〇年代，在羅馬教皇的批准下，葡萄牙王室正式得到許可，對非洲進行探索、冒險，甚至征服異教徒，並將他們當作奴隸。

一五〇〇年時，在晚了哥倫布八年後，葡萄牙人卡布拉爾（Cabral）「發現」了巴西，其後南美大陸東側的許多地方就成了葡萄牙的領地。

若拿巴西和馬德拉群島相比，前者在面積上巨大許多，而且更適合以大農場的方式來栽種甘蔗，因此黑人奴隸開始從西非被帶往巴西等新世界各地。原本生長在東南亞的甘蔗，也遠渡重洋被移植到美洲大陸，新世界就此開始種植甘蔗。

馬德拉群島生產的砂糖，在現今位於比利時的布魯日販賣。一五〇〇年，聖多美島的砂糖產量快速成長，比利時的安特衛普（Antwerp）作為聖多美島和馬德拉群島所生產的砂糖的集貨港，港口地位蒸蒸日上。

一五五〇年代，在大農場制度導入新世界之後，當地生產的砂糖立刻席捲了歐洲市場。到了十六世紀末，巴西東北部的伯南布哥（Pernambuco）和巴伊亞

（Bahia），已經成為世界上最重要的砂糖產地。巴西的砂糖會送到安特衛普，安特衛普因而成為歐洲砂糖市場的中心。

在十六世紀，巴西的砂糖產量遠遠地超越了大西洋諸島中馬德拉群島和聖多美島的數量。當時在歐洲若是提到砂糖，基本上所指的就是巴西貨。到了一六一二年時，巴西每年的砂糖產量已經達到九百八十一萬一千六百八十公斤。

在巴西成為砂糖的主要供應地之後，葡萄牙就坐穩了歐洲菁英家族的砂糖供應商的位置。除了生產砂糖之外，包含販賣黑奴在內的大西洋經濟，都是造就葡萄牙的首都里斯本盛極一時的主要原因。

其實，僅靠葡萄牙一國之力，是不可能拿得出這麼多錢來完成上述這些壯舉的。過程中還有賴德國、義大利以及荷蘭商人共同出資才行。可以說，生產砂糖是一件全歐洲共同參與的活動。

大西洋奴隸交易和人口增加之間的關係

提到大西洋的黑奴販賣，在傳統的印象中，英國一直都居於核心位置。然而到了今天，隨著關於奴隸販賣所積累的資料越來越豐富，讓世人理解到，實際狀況其實並不單純。

表9.1標示了奴隸輸送船的國籍。令人驚訝的是，起初西班牙和葡萄牙的船隻比例相當高。此外，葡萄牙船在運送黑奴的總數上最多。英國船在數量上超過葡萄牙和巴西船的時間，只有在一七二六至一八〇〇年之間而已。

十六世紀時，西班牙運送的黑奴數量雖多，但葡萄牙則更是驚人。而且其中大多數正如表9.2所示，並非送往葡萄牙的殖民地巴西，而是西班牙在美洲的領地。

西非的黑人被送到西班牙的美洲領地，所使用的船不只有西班牙的，還有葡萄牙的船，這件事確實挺有意思的。很有可能從西非輸入的金礦，也是由兩國的

表9.1　大西洋上船隻的奴隸輸送量

（單位：人）

	西班牙／烏拉圭	葡萄牙／巴西	英國	荷蘭	美國	法國	丹麥／波羅的海地方	總計
1501—1525年	6,363	7,000	0	0	0	0	0	13,363
1526—1550年	25,375	25,387	0	0	0	0	0	50,762
1551—1575年	28,167	31,089	1,685	0	0	66	0	61,007
1576—1600年	60,056	90,715	237	1,365	0	0	0	152,373
1601—1625年	83,496	267,519	0	1,829	0	0	0	352,844
1626—1650年	44,313	201,609	33,695	31,729	824	1,827	1,053	315,050
1651—1675年	12,601	244,793	122,367	100,526	0	7,125	653	488,065
1676—1700年	5,860	297,272	272,200	85,847	3,327	29,484	25,685	719,675
1701—1725年	0	474,447	410,597	73,816	3,277	120,939	5,833	1,088,909
1726—1750年	0	536,696	554,042	83,095	34,004	259,095	4,793	1,471,725
1751—1775年	4,239	528,693	832,047	132,330	84,580	325,918	17,508	1,925,315
1776—1800年	6,415	673,167	748,612	40,773	67,443	433,061	39,199	2,008,670
1801—1825年	168,087	1,160,601	283,959	2,669	109,545	135,815	16,316	1,876,992
1826—1850年	400,728	1,299,969	0	357	1,850	68,074	0	1,770,978
1851—1866年	215,824	9,309	0	0	476	0	0	225,609
總計	1,061,524	5,848,266	3,259,441	554,336	305,326	1,381,404	111,040	12,521,337

出處：http://www.slavevoyages.org/assessment/estimates

表9.2　奴隸上岸的地區

（單位：人）

	歐洲	北美大陸	英屬加勒比海地區	法屬加勒比海地區	荷屬美洲地區	丹屬西印度群島	西屬美洲地區	巴西	美洲	總計
1501—1525年	637	0	0	0	0	0	12,726	0	0	13,363
1526—1550年	0	0	0	0	0	0	50,763	0	0	50,763
1551—1575年	0	0	0	0	0	0	58,079	2,928	0	61,007
1576—1600年	266	0	0	0	0	0	120,349	31,758	0	152,373
1601—1625年	120	0	681	0	0	0	167,942	184,100	0	352,843
1626—1650年	0	141	34,045	628	0	0	86,420	193,549	267	315,050
1651—1675年	1,597	5,508	114,378	21,149	62,507	0	41,594	237,860	3,470	488,063
1676—1700年	1,922	14,306	256,013	28,579	83,472	22,610	17,345	294,851	575	719,673
1701—1725年	182	49,096	337,113	102,333	62,948	10,912	49,311	476,813	202	1,088,910
1726—1750年	4,815	129,004	434,858	255,092	85,226	5,632	21,178	535,307	612	1,471,724
1751—1775年	1,230	144,468	706,518	365,296	132,091	21,756	25,129	528,156	670	1,925,314
1776—1800年	28	36,277	661,330	455,797	59,294	43,501	79,820	670,655	1,967	2,008,669
1801—1825年	0	93,000	206,310	73,261	28,654	19,597	286,384	1,130,752	39,034	1,876,992
1826—1850年	0	105	12,165	26,288	0	5,858	378,216	1,236,577	111,771	1,770,980
1851—1866年	0	476	0	0	0	0	195,989	8,812	20,332	225,609
總計	10,797	472,381	2,763,411	1,328,423	514,192	129,866	1,591,245	5,532,118	178,900	12,521,333

出處：http://www.slavevoyages.org/assessment/estimates

商人來共同作業，西班牙和葡萄牙之間這樣的關係，在大西洋貿易中想必仍繼續維持著。

十七世紀時，黑奴的數量以西班牙的美洲領地最多，其次是巴西。這意味著奴隸貿易的中心從西班牙主導，轉向了葡萄牙。到了十八世紀以後，黑奴的運送數量從高到低的順位分別是英屬加勒比海、巴西、法屬加勒比海。

接著從個別國家來看。英國幾乎將大多數的黑奴都送往牙買加。從整個英國運販黑奴的過程來看，約有一百二十萬名黑奴被送到那裡。法國主要把黑奴送到法屬聖多明哥（即現在的海地），在整個黑奴運販的歷史進程中，合計有超過九十萬名黑奴被送到那兒。

西班牙把黑奴送往中美地區的比例較高，進入十八世紀後，古巴所占的比例急速地上升。從一七七一至一七八〇年間，被送往古巴的黑奴約有六萬四千人，但到了一八二六至一八五〇年間，這個數字已經超過三十六萬人了。

接著來看葡萄牙的狀況，十八世紀時送往位於巴西東南方巴伊亞的黑奴數量大幅增加。若從整個黑奴運販的歷程來看，在巴伊亞上岸的黑奴數量可能達到一百七十萬人以上，這個數字較任何地方都多。到了十八世紀時，因為生產砂糖的大農場對奴隸的需求增加，所以從加勒比海送往西班牙領地南美和巴西東部的黑奴數量也急遽上升。

從結果來看，各個地區的黑人人口都增加不少。牙買加在一七〇〇至一七八九年間，黑人的人口成長了六倍以上。法屬聖多明哥從一六八六至一七九一年間，更是成長了一百四十一倍以上。

若從全體來看，北美地區在這個時期的奴隸貿易中所占的比例還相當低。十八世紀時，北美在大西洋經濟全體中所占的比重仍然微不足道。一直要到十九世紀，北美地區的經濟才有顯著成長。

因為砂糖殖民地的人口增加，所以需要有源源不絕作為勞動力主體的男性黑奴。雖然這是大量黑人勞動人口被運送的主要原因之一，但他們因為沒有攝取足夠的營養，又加上必須從事無止境的勞動，因此通常壽命都很短。

例如在巴貝多，一七〇〇年時奴隸人口約有四萬人。儘管在那之後的一百年間輸入了二十六萬三千名黑奴，但在一七九二年時黑人的人口數，卻只有六萬四千三百人而已。

荷蘭進軍美洲

行文至此，希望讀者們回想一下，在前面曾寫到「砂糖革命」是黑人和猶太人共同交織出的歷史這段文字。在本章即將結束之際，將對此來做說明。

一六二一年時，荷蘭設立了西印度公司（Dutch West India Company，簡寫為WIC），並試圖奪取葡萄牙的非洲和美洲領地。WIC在一六二四年時，首次派遣許多戰鬥部隊到南大西洋，之後成功的將巴西的勒西菲（Recife）甚至是伯南布哥（Pernambuco）都變成自己的領土，最後把葡萄牙在非洲的領地都納為囊中物。

荷蘭在一六〇九年時，「發現」了日後的哈德遜灣和曼哈頓島，並將此地命名為新尼德蘭（Nieuw Nederland）。接著在一六二五年，從當地原住民德拉瓦（Delaware）族手中購得曼哈頓島，將其命名為新阿姆斯特丹（Nieuw Amsterdam）。

原本荷蘭人想利用第二次英荷戰爭後簽訂的《布雷達條約》（Treaty of Breda），拿新阿姆斯特丹來交換英國位於南美的殖民地蘇利南，並將新阿姆斯特丹更名為紐約。但在這之後，荷蘭人放棄了對北美地區的擴張。

無論如何，荷蘭直到一六四〇年為止，曾經占領了伯南布哥和葡萄牙的非洲領地。而這件事對美洲大陸的砂糖生產和非洲的奴隸制度，都產生了相當大的影響。

技術傳播的關鍵──塞法迪猶太人

在伯南布哥再度回到葡萄牙人手中的一六五四年，荷蘭人農場主和他們的黑奴們踏上了加勒比海的荷蘭殖民地，開始在當地栽種甘蔗。

其實在荷蘭人抵達加勒比海諸島之前，當地也有栽種甘蔗，但直到荷蘭人來到此地後，才讓砂糖的生產確定下來。

然而，這群人如果從嚴格的定義上來說，很有可能並非「荷蘭人」。最近的研究顯示，將甘蔗栽培技術從巴西傳播到加勒比海地區的，很有可能不是荷蘭人，而是塞法迪猶太人（Sephardim）。

塞法迪猶太人是於十五世紀末時，被西班牙和葡萄牙（伊比利半島）驅逐出境的猶太人。他們在荷蘭的阿姆斯特丹和鹿特丹找到了容身之處，並在原本伊比利半島的故國和國外殖民地之間的貿易上，做出了相當大的貢獻。

另外，塞法迪猶太人還積極地往商業活動環境遠比舊世界自由的新世界移動。他們的第一站可能是巴西，然後再從巴西開始向西印度群島擴大砂糖的植栽。塞法迪猶太人在荷蘭的大農場殖民地發展過程中，發揮了巨大的影響力。

一部分在巴西的大農場中擁有眾多奴隸，且熟知甘蔗栽種方法的塞法迪猶太人，也移居到荷蘭、英國和法國的殖民地，並將加勒比海地區發展為生產砂糖的新據點。這群塞法迪猶太人也被稱作「猶太人的奴隸所有者」，不時成為牙買加等地非議的對象。

這個時期從加勒比海到北美、南美一帶，可以發現幾個猶太人的社群，其中的成員幾乎都是塞法迪猶太人，就是他們將甘蔗的栽培方法推廣到新世界的。

如上文所述，新世界之所以能成為「砂糖王國」以及「砂糖革命」的舞台，有賴黑人從西非、塞法迪猶太人從西班牙和伊比利半島移居至此。若是缺少任何一方，砂糖產量的增加和歐洲人想要過上好日子都將無法實現。

就這樣，數量驚人的甘蔗被栽種在新世界的大地上，並生產出大量的砂糖。將甘蔗種植技術傳播到新世界各地的是塞法迪猶太人，而被迫從事栽培甘蔗的則是黑奴。雖然兩者的立場不同，但他們都同樣在遠離故國的異地，推動了砂糖革命。

第三部

歐洲的繁榮是「移民」帶來的嗎？

第十章　亞美尼亞人眼中的工業革命

亞美尼亞商人的網路

三〇一年時，亞美尼亞王國是世界上第一個將基督教立為國教的國家。和現在的亞美尼亞（舊蘇聯）不同的是，他們以小亞細亞到伊朗一帶作為居住地，並創立了亞美尼亞正教，在中東地區建立起自己獨特的文化。

亞美尼亞人的活動領域，基本上是從亞洲移動到歐洲時的必經之地。作為交通的要衝，亞美尼亞人通曉多種語言，因此他們也是優秀的口譯人才。

然而也因為處於交通的要衝之地，所以在歷史上他們屢遭入侵，經常失去自己的國家。亞美尼亞人重拾自己的領地，一直要等到一六〇六年，薩法維王朝（伊朗）阿拔斯一世時，建立新焦勒法（Julfa）這個亞美尼亞人的居住區為止。

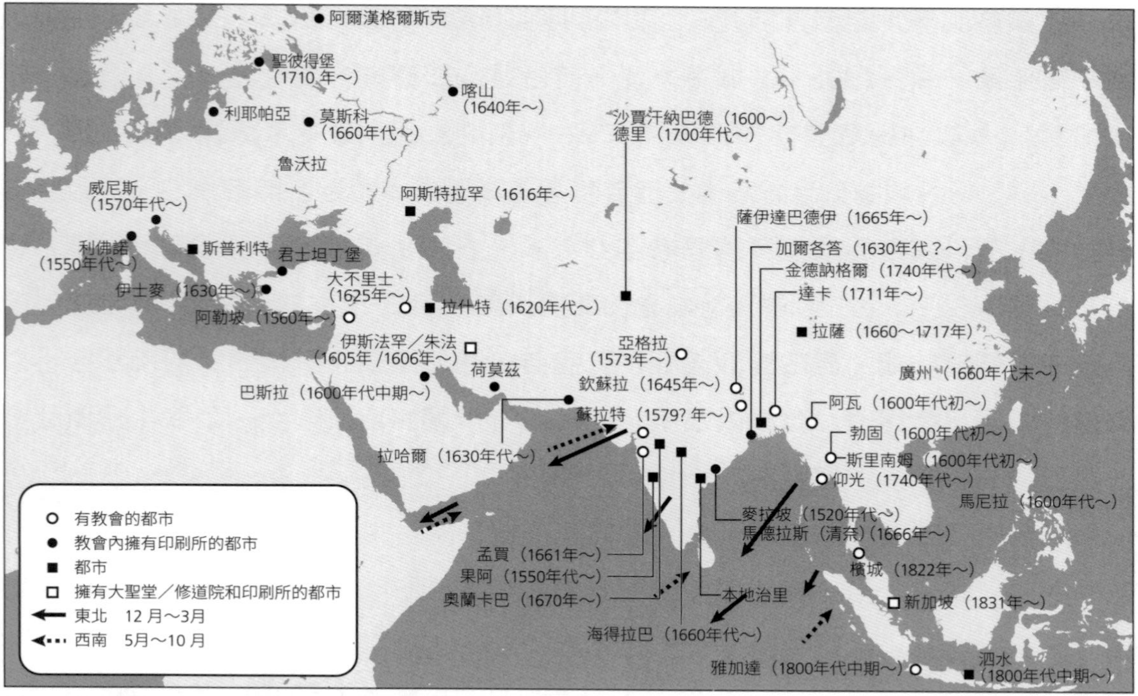

圖10.1　亞美尼亞人的交易圈和居留地

出處：根據Sebouch David Aslanian, *From the Indian Ocean to the Mediterranean: The Global Trade Networks of Armenian Merchants from New Julfa*, Berkerley,2011,p.84的內容做成。

約有十五萬亞美尼亞人移居到這個地方。

當時亞美尼亞人已經在歐亞大陸的好幾個地方從事商業活動。他們的居住地以中東為中心並擴及歐洲。

十六世紀時，亞美尼亞人以從事絹的買賣而聞名於世。十六至十七世紀時的伊朗是生絲的主要產地，生產的絹主要輸出到歐洲地區。歐洲人所消費的絹，約有八〇%來自伊朗。

而伊朗則用絹來交換銀子，雙方的貿易往來由亞美尼亞人負責。亞美尼亞人主要的商業活動就是絹與銀子的交換。如果沒有亞美尼亞人涵蓋歐洲的網絡，這樣的交換規模可能會縮水不少。

對伊朗來說，亞美尼亞人建立的商業網絡及其商業知識，都是不可或缺的存在。其實不只是對伊朗，到了近世時期，若要在歐亞大陸進行大規模的商貿活動，基本上都必須用到亞美尼亞商人的網絡。

實際上伊朗的絹不只輸出到歐洲，還有俄羅斯、鄂圖曼帝國以及印度，負責這項工作的還是亞美尼亞人。到了十七世紀末，光是輸往俄羅斯的絹就已經達到可觀的數量，一七〇〇年時據推測就有十萬公斤了。

活躍於歐亞大陸的亞美尼亞人

亞美尼亞人在印度，無論是對英國、薩法維王朝和位於北印度的蒙兀兒帝國，在外交和金融方面的交涉上都扮演著重要的角色，並持續到十八世紀為止。

瓦斯科．達伽馬到達印度後，從十六世紀起印度洋就變成葡萄牙人的囊中物。這件事很容易讓人誤以為陸上的貿易已經衰退了。實際上，當時以亞美尼亞人為中心的陸上商貿活動正方興未艾。

例如，英國東印度公司就與亞美尼亞人攜手合作，和波斯做生意。英國東印度公司所看中的，當然是亞美尼亞人對當地語言、習慣和行政當局所掌握的豐富知識。

英國東印度公司更進一步透過亞美尼亞人和東南亞進行貿易活動。亞美尼亞人雖然以陸上貿易為世人所知，但他們同時也涉足海上貿易。亞美尼亞人的貿易網絡，涵蓋了歐亞大陸的大部分地區。

十七至十八世紀時，印度是國際貿易中最重要的據點之一。印度的纖維製品和生絲，不但在世界市場中擁有最高的品質，而且還相當便宜。印度的織物不用機器而採純手工製作，因此就算是棉織品，每個村莊都有屬於自己獨特的商品，可以賣給特定的市場。亞洲和歐洲的不同地區，都為了這些品項豐富的商品而前往印度。

一般認為，亞美尼亞人是受蒙兀兒帝國的皇帝阿克巴（一五五六－一六〇五在位）之邀而來到印度的。伊斯法罕某個地區的焦勒法商人（亞美尼亞商人），在十七世紀前半葉移居到印度當時最富庶的孟加拉地區。正因如此，孟加拉成為亞美尼亞人的重要商業據點，他們以此處為根據地，成為荷蘭東印度公司在商業活動上的競爭對手。

在東南亞，特別是和馬尼拉及阿卡普高（Acapulco）有商業往來的亞美尼亞商人，把馬德拉斯（清奈）作為據點都市。馬德拉斯在印度洋亞美尼亞商人的貿易網絡裡，扮演著核心的角色。

到了十七世紀末，亞美尼亞人成為蒙兀兒帝國宮廷裡商業活動的代理人，已是個不爭的事實。說起來，亞美尼亞人可是為了蒙兀兒帝國而從事其商貿活動的。

亞美尼亞人的社群在印度的亞格拉（Agra）擁有自己的教會和商隊的旅宿。其後他們還在馬德拉斯和加爾各答以外，於孟買和科澤科德（十八世紀時）也建立商館。

亞美尼亞人的網絡超越國境，擴展至印度周邊。在西藏，他們不只用貴金屬和中國的金子交換印度的纖維商品、琥珀和珍珠，應該也建立了自己的社群。

亞美尼亞人就是這樣在歐亞大陸各地移動，並從事商業活動。他們不但和英國的東印度公司合作，還和荷蘭的東印度公司有生意往來。

如果沒有亞美尼亞人的網絡，或許英、荷兩國的東印度公司，都很難在亞洲從事商業活動。然而亞美尼亞人所發揮的作用，卻時常被遺忘在歷史的洪流之中。

棉的交易過程

因為亞美尼亞人深度介入印度的貿易活動，他們和印度最大宗的出口物——棉，當然也有著千絲萬縷的關係。

目前一般認為，棉的原產地應該是西元前二八世紀左右時的印度西部。但在那之後，棉的向外擴張卻陷入牛步，到了距今一千年前左右，才傳到東南亞、非洲和歐洲的局部地區。正因如此，直到十九世紀為止，印度才能一直保持著棉出口地區的地位。

印度的棉織物，以肌膚觸感舒適又物美價廉的印花布（calico，印度生產的平紋棉布）最為暢銷，深受人們喜愛。因此當鄂圖曼帝國在十六世紀時發展模仿印度製品的印花布印染工業，也不是難以理解的事了。

一六三四年左右，鄂圖曼帝國的首都伊斯坦堡已有二十五間工廠，特別用來生產不容易褪色的印花布（日文漢字寫作「更紗」，木棉質地印有花紋的製品），並雇用一百五十位工人從事生產。擁有這些工廠的人，是出身於安那托利亞西北部，托卡特（Tokat）和錫瓦斯（Sivas）的亞美尼亞人。

歐洲特別是法國的消費者，尤為熟知鄂圖曼帝國製作的印染棉纖維製品。法國的地中海沿岸城市馬賽，在十七至十八世紀時，是進口鄂圖曼帝國印染棉的重要地區。

這種棉布不只起源於印度和伊朗（也就是所謂的波斯棉布），也在安那托利亞南部的迪亞巴克爾（Diyarbakır），以及敘利亞北部的阿勒坡等地生產。

迪亞巴克爾生產Chafarcanis（裝飾著白花的紅或紫色印花布），阿勒坡則專門製作在鄂圖曼帝國被稱作Ajami的各種藍色棉布。

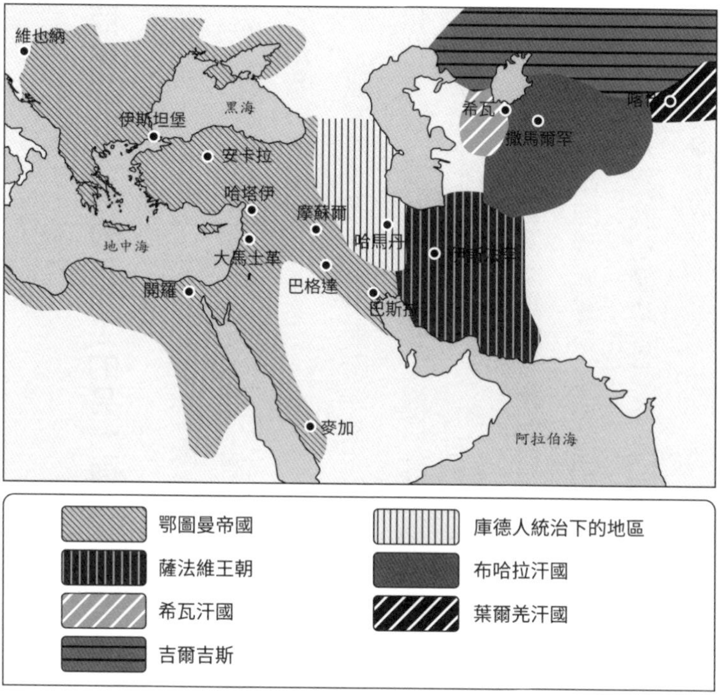

圖10.2　伊朗、鄂圖曼帝國地圖

這些棉布被大量輸出到法國和西班牙，有時法、西兩國還會模仿製作這些棉布。另外在馬拉蒂亞（Malatya）和瑟勒比（Celebi）這樣的地方所印染的棉布，還會販賣至法國以外的近東以及東歐地區。而在古吉拉特生產的商品，也進入伊朗、萬丹國（Bantam，位於爪哇島西側的伊斯蘭國家）和馬尼拉的市場。

亞美尼亞人身為技術工的另一面

亞美尼亞人之所以能在鄂圖曼帝國境內的不同地區都掌握著印染工業的關鍵，原因在於他們和印度之間有貿易往來，所以累積了許多關於棉織物製作方法的知識和經驗。

亞美尼亞人的貿易網所涉及的領域相當多元。一六〇五年，當薩法維王朝破壞焦勒法時，亞美尼亞人除了移居到美索不達米亞、印度和印尼外，也有不少人前往威尼斯、利佛諾（Livorno）和阿姆斯特丹。移居的亞美尼亞人藉由已經建立起來的橫跨亞洲到歐洲的網絡，讓他們在棉織物的貿易活動中占據了優勢的地位。

日後，歐洲的馬賽、熱那亞和阿姆斯特丹等地，之所以能建立起蓬勃的印染工業，都和發展初期時有亞美尼亞技術人員的鼎力相助有關，追本溯源則為上一段所述的歷史原因。

例如在一六七二年時，有兩位亞美尼亞人在馬賽為了做出「和東方及波斯相同色彩的印花布」，而建立了最早的工廠。他們還和地方上的商人發展出夥伴關係。

到了一六七八年，一位瑟勒比出身的亞美尼亞人，和兩位阿姆斯特丹商人一起在荷蘭的阿默斯福特（Amersfoort）設立印染工廠。一六九〇年時，印花布的印染技術，也傳入義大利的熱那亞，亞美尼亞的工匠還得到公部門的許可，可以在十年間獨占和技術相關的活動。

亞美尼亞的熟練工匠建立印花布印染工廠的地點，都是像熱那亞、利佛諾（Livorno）、馬賽、南特（Nantes）、勒阿弗爾（Le Havre）和阿姆斯特丹等歐洲的大都市。這些城市都是亞美尼亞人無遠弗屆的金融貿易網絡中的一部分。

一般推測，歐洲人隨後從亞美尼亞人手中學到印染技術，並在歐洲各地建立起印染工廠。但歐洲人建立的工廠並非小規模的工坊，而是擁有數百名勞動者的巨大印染工廠。隨著巨大工廠的建立，讓印染的成本大幅地下降，像是法國的勒昂（Leuhan）等地，就成為印花布印染的中心而發達起來。

亞美尼亞人的工廠和歐洲人的相比，規模上顯得小很多，也無法雇用大量的勞動人口。當印染工業走向工廠制度時，歐洲人已經大幅超越亞美尼亞人，成功地確立了在規模上不可同日而語的印染業。

歐洲人獲得的東西

此一時期還發生了另一起重大的歷史事件——工業革命。工業革命始於十八世紀後半葉英格蘭西北部的曼徹斯特。當時的型態主要是在曼徹斯特，把從新世界進口的棉花，加工成棉織物的成品。一般認為，英國的工業革命是為了對抗印度的手工印花布，而進行機械化的輸入代替產業。

然而這個觀點存在著兩個問題。其一，曼徹斯特的棉織物在很長一段時間內都是亞麻的混紡，如果要做成完全的棉織物，需要耗費一段相當的時間。因此可以推知，曼徹斯特的棉織物無法立刻取代印度的手工印花布。

其二，曼徹斯特的棉工業所面對的挑戰者可不只印度而已，德國、法國、俄羅斯和荷蘭，都是重要的競爭對手。

至少在十八世紀初期時，丹尼爾・笛福（Daniel Defoe）曾說過：「不管在歐洲何處……沒有其他國家的人民像英國人那樣，大量穿著和消費亞麻布的。」而且這些亞麻布，還產自政治上和英國敵對的中歐國家。

更進一步來看，歷史教科書告訴我們，英國的工業革命是一場織布和紡織過程的革命。例如在一七三三年時，約翰・凱（John Kay）發明的飛梭，讓紡織機的性能得到飛躍成長。而哈格里夫斯（James Hargreaves）和阿克萊特（Ark-wright）的紡紗機，更大幅提升了紡織的水準。

然而上述觀點所欠缺的，是對於印染技術的忽視。棉織物作為織品，需要染上顏色。自古以來，染色都是手工活，印染所使用的顏料來自植物和昆蟲。雖然歐洲原本就有織布和紡織的技術，但印染技術主要還是由亞美尼亞人引進。

然而歐洲人在向亞美尼亞人學習的過程中，把古騰堡發明的印刷技術，轉而應用到印染上，成功地完成了印染工程的機械化。印染的英文是print，也就是印刷術。

棉織物是一種時尚產品，需要染上令消費者心儀的顏色，才能在市場上流通，因此印染工程就成為一個相當重要的環節。工業革命的內容絕不只織布和紡織，印染技術成功完成機械化，也是堪稱「革命」的壯舉。

到了這個時候，可以說歐洲已經完全從對亞美尼亞人的依賴中解放出來。工業革命的過程中不只擺脫了印度，還有亞美尼亞人。雖然英國因為是世界上第一個完成工業革命的國家而名垂史冊，但在這段歷史的背後，不能忘記亞美尼亞這群「移民」的功勞。

第十一章　擴散至大英帝國的蘇格蘭人

大英帝國複雜的成立過程

正如大家所知道的，英國是最早完成工業革命、世界上第一個工業國家。然而人們口中的「英國」，它的國家體制卻極其複雜難懂。

目前英國的正式名稱為United Kingdom of Great Britain and Northern Ireland，直譯的話是「大不列顛暨北愛爾蘭聯合王國」。

英國的國旗「聯合旗」（Union Flag）雖然為世人所知，然而多數人或許不知道，這面旗子其實是個妥協之下的產物。

第一代聯合旗完成於一六〇三年英格蘭女王伊莉莎白一世過世後，由蘇格蘭王詹姆士六世（若為英格蘭國王則為詹姆士一世）即位時。

第一代聯合旗是英格蘭和蘇格蘭共主邦聯（日文漢字寫作「同君連合」）時代的國旗，該旗只是將英、蘇兩國國旗的特徵合在一起就完成了（但蘇格蘭於一七〇七年時被併入英國之內，因此已難稱為共主邦聯）。

目前英國的國旗是在一八〇一年合併了愛爾蘭，將愛爾蘭國旗的特徵加進聯合旗之後完成的。

除了國旗之外，同樣的手法還可見於其他地方。例如英國的王儲稱為Prince of Wales，直譯的話就是「威爾斯親王」。而作為威爾斯親王，身上穿的卻是蘇格蘭傳統花呢格紋（tartan check）樣式的服飾。

從這些事情中可以看到，英格蘭對於被它兼併的國家所做出的懷柔措施。英國是一個以英格蘭為中心、和其他國家（正確來說，應該是過去曾為國家的區域）所結合而成的複合國家。

從歷史學來看，複合國家為近世的特徵。而且從現實上來說，直到今天歐洲有許多國家基本上也是複合國家，其中最具代表性的當然就是英國。

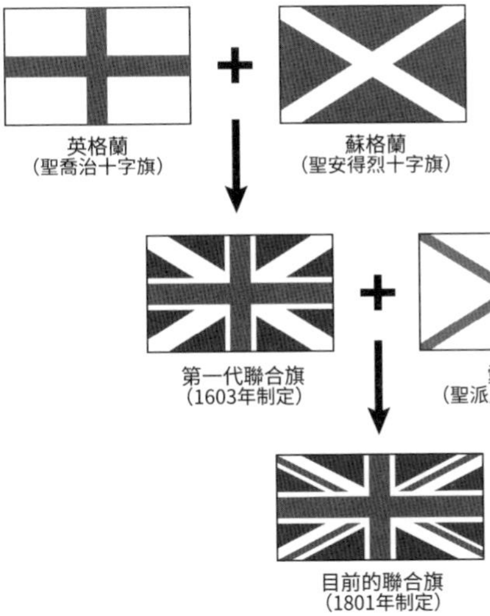

圖11.1　「聯合旗」

如果能從這個觀點來看二〇一六年英國透過公投決定的Brexit，其意義也就不難理解了。眾所周知，Brexit一詞指的是英國從EU（歐盟）脫離出去。

然而實際上想和歐盟分手的只有英格蘭，而非蘇格蘭和威爾斯。蘇格蘭等地還是想和歐盟繼續交往下去。

由此看來，英國內部的紐帶絕非牢不可破，或許可以說英國是個正處於逐漸分裂中的國家。

無論如何，英國作為一個國家，它在過去曾建立起一個橫跨全球的大帝國。而不管是蘇格蘭或愛爾蘭，在某個程度上都受惠於此，因此才會擁護「英國」這個國家至今。儘管今日英國和過去殖民地之間的紐帶已日益稀薄，但英格蘭仍然無法從大帝國的形象中脫身。

其實像上述這些問題，可絕非英國獨有，但英國應該是對其感觸最深的國家。類似英格蘭和蘇格蘭之間的關係，也可見於歐洲其他國家的主要地區與其周邊地區之間。

移居外地的蘇格蘭人

一般認為，蘇格蘭人在一七〇七年的英、蘇合併（Union）後，開始移居海外。但實際上，蘇格蘭早在併入英國之前，就是個移民國家。

根據知名的蘇格蘭史學家T・C・斯摩特（Smout）表示，雖然十七世紀時蘇格蘭的人口只有一百萬左右而已，但在一個世紀裡移居到其他國家的移民人數，合計達到二十萬人之眾。

尤其是年輕人們從蘇格蘭前往英格蘭，進而走向歐洲大陸的不同國家。在十七世紀最初的數十年間，約有三至四萬名蘇格蘭人移居國外。若用其他的計算方法來看，從一六〇〇至一六五〇年間，生活在蘇格蘭的蘇格蘭人數，每年減少約兩千人。

蘇格蘭人是優秀的士兵，因此許多蘇格蘭男性以傭兵的身分受雇於其他國家。十七世紀時，蘇格蘭人作為荷蘭的軍人表現出色。蘇格蘭人之所以前往荷蘭的原因，和荷蘭的國教為喀爾文派的歸正宗有關，該宗派和蘇格蘭的喀爾文長老教會相當親近。在鹿特丹，甚至還有專為蘇格蘭人建立的教會。

在一六一八至一六四八年的三十年戰爭期間，蘇格蘭士兵在戰場上衝鋒陷陣。這場戰爭中，從不列顛群島派出的軍隊約有十一萬人，其中蘇格蘭人應該就占了六萬人。

蘇格蘭軍人在挪威、丹麥和瑞典等新教國家中尤為活躍，他們可是北歐國家的軍隊中，不可或缺的軍官人才。

蘇格蘭人除了作為傭兵之外，他們還是出色的商人。至少從一六二〇年起，他們就已經移居到丹麥和波羅的海周邊的國家。

從另一個角度來看，蘇格蘭其實是一個農業生產力極差的國家。移民外流所造成的人口減少看似負面，卻也讓該國不至於遭遇人口過剩的問題，因此沒有糧食短缺的情況發生。

移民的流出，反而發揮了社會安全網絡的功能。儘管蘇格蘭不是沒有發生過饑荒和宗教抗爭活動，但隨著移民的出走，讓饑荒的規模縮小，而且還把可能發生社會問題的根源導向國外，使社會上發生的混亂能控制在最小的範圍內。

蘇格蘭人之所以成為移民，很有可能和他們與其留在國內，不如在海外投身不同的事業活動，反而能獲得更大的利益有關。如果是前往已經有蘇格蘭人社群的國外地區，就能以較低的風險從事商業活動。

然而當蘇格蘭和英格蘭合併後，上述的移居型態發生了相當大的改變。過去蘇格蘭人移居海外，和英格蘭國內發生了什麼事沒有太大的關聯性；但當兩國合併後，情況就大為改觀。而這和大英帝國的成立也有關係。

從歐洲到美國的移民

英格蘭人從十七世紀初期開始進入美洲。早期最著名的移民，是搭乘五月花號於一六二〇年在今天的麻薩諸塞州普利茅斯上岸的人們。

這群人是當時在英格蘭備受迫害的清教徒（Puritan），他們為了追求信仰的自由，而來到這片新天地。因此他們又有朝聖先輩[11]（Pilgrim Fathers）之稱。

美國之所以會成為清教國家，和從英格蘭持續不斷移入的清教徒有關。然而

11 朝聖先輩指的是於一六二〇年時，一群為了逃避斯圖亞特王朝對宗教的迫害，因追求信仰自由而搭乘五月花號，從英國移居到北美的清教徒們。

五月花號

前往美洲大陸的人群中，有些並非清教徒而是貧民。這些貧民以契約勞工（白人）的形式在美洲從事勞動工作。

據推測，當時在紐澤西州東部和卡羅萊納州兩地，約有七千名蘇格蘭的移居者。他們之中有許多是從蘇格蘭低地（Scottish Lowlands，位於蘇格蘭中部地勢較低的地區）過來的，且大部分於一六六〇年後橫越大西洋。

在整個十七世紀，全英國有高達二十五萬的人口移居到美洲，人數僅有七千的蘇格蘭人在當時屬於少數派。他們和其他英格蘭人、威爾斯人以及愛爾蘭人一樣在大農場裡工作，生產菸草、米、染料（織物用的）和砂糖。

但這個狀態在進入十八世紀以後，發生了巨大的改變。表11.1顯示的，是一七〇一至一七八〇年間從不列顛諸島移民到美洲的人數。雖然愛爾蘭移民的數量之多令人吃驚，但因為和本章內容沒有直接關係，故在此不做論述。

值得注意的是，拿人口較少的蘇格蘭來和英格蘭、威爾斯做比較，其移民數量顯得相當突出（一七五〇年時，英格蘭的人口約為蘇格蘭的五倍）。

在蘇格蘭的移居人口中，有很高的比例來自低地地方。這群人中有佃戶、契約勞工、織工、技術工、農業勞動者，以及蘇格蘭高地地方的佃農。

另外，雖然在數量上不多，但有些於一七一五至一七四六年之間發生的詹姆斯黨（**Jacobite**）叛亂事件（詹姆斯黨人認為，在光榮革命中流亡法國、信仰天主教的詹姆斯二世的子孫，才是英國王位的正統繼承人）中遭到逮捕的犯人，也被流放到美洲。

若先不論囚犯，幾乎所有移民到美洲的人，都懷著想要過上更好生活的夢

表11.1　從不列顛諸島前往美洲的移民人數

1701至1780年（單位：千人）

英格蘭・威爾斯			80
蘇格蘭			80
	低地地方	60	
	高地地方	20	
愛爾蘭			115
	阿爾斯特	70	
	南部	45	
合計			275

出處：T. M. Devine, *Scotland's Empire: The Origins of the Global Diaspora*, Lodon; Penguin Books,2004,p.97.

想，前往那片大陸。他們希望能擁有自己的土地，找到薪資更優渥的工作，更進一步則是得到生活在英國所無法企求的機會。

當然，美洲還有其他大量從歐洲諸國來的移民。從一七〇〇至一七七〇年代，約有十一萬名德國人移居到新英格蘭、卡羅萊納州、馬里蘭州、維吉尼亞州，以及加拿大的新斯科細亞。

另外，直到一七六〇年為止，約有十七萬五千名黑奴被送往美洲，在大農場被迫從事勞動。黑奴光是在維吉尼亞州，就占了總人口的四〇%。就算是在七年戰爭（一七五六—一七六三）和美國獨立戰爭爆發（一七七五）期間，還是有八萬四千名黑奴被送到英國的北美領地。

如前所述，在英國的美洲領地中，人口的構成相當多元，蘇格蘭人其實只占了其中的部分而已。

蘇格蘭人發揮的作用

在一七七五年之前，蘇格蘭人多數移居到紐約州、荒地較多的北卡羅萊納州以及維吉尼亞州。當時的北卡羅萊納州甚至還被稱作「新蘇格蘭」。然而蘇格蘭人比起聚集在一起，比較傾向散居在美洲各地。

這樣的傾向在美國誕生之後發生了改變。如表11.2所示，一七九〇年時美國南部的蘇格蘭人比率較高，這個現象應該和他們在生產菸草和砂糖的大農場工作（並非以奴隸的身分）有關。

表11.2　美國國內出生於蘇格蘭的人數（1790年）

地區和州	人數	蘇格蘭人所占的比率(%)
新英格蘭		
緬因州	4325	4.47
新罕布夏州	8749	4.5
佛蒙特州	4339	5.1
麻薩諸塞州	16420	4.4
羅德島州	3751	5.8
康乃狄克州	5109	2.2
大西洋中部		
紐約州	22006	7.0
紐澤西州	13087	7.7
賓夕法尼亞州	36410	8.6
德拉瓦州	3705	8.0
南部		
馬里蘭州	15857	7.6
維吉尼亞州	45096	10.2
北卡羅萊納州	42799	14.8
南卡羅萊納州	21167	15.1
喬治亞州	8197	15.5

出處：T. M. Devine, *Scotland's Empire*, p.100.

有大量的蘇格蘭人也移居到加拿大，他們在加拿大的人口數僅次於英格蘭人和法國人。進入到十九至二十世紀這段期間，有更多的蘇格蘭人移居到加拿大。

一七八三年，在一紙《巴黎條約》結束了美國獨立戰爭後，從蘇格蘭高地地方移民到美國的人數增加，到了一八一五年時已經達到一萬五千人了。

從這些結果來看，可知蘇格蘭人前往美國和加拿大等北美地區的移民，是隨著大英帝國擴張的步調而行動的。這是在蘇格蘭和英格蘭合併之前所未見到的現象。

蘇格蘭人不只前往北美，還移居到大英帝國位於世界各地的殖民地。在印度，他們任職於英國東印度公司，在和亞洲內部從事貿易活動的過程中，創造出巨額的財富。

蘇格蘭人還前往澳洲和紐西蘭等殖民地定居。正因為他們移居到殖民地的各個角落，湯姆．迪瓦恩（Tom Devine）這位歷史學家才會提出「大英帝國其實是蘇格蘭人的帝國」這種觀點。

蘇格蘭人當然也會移居到工業革命方興未艾的英格蘭。充滿企業家精神的蘇格蘭人不只對故鄉、也對英國的工業革命做出許多貢獻。

例如因改良蒸汽機而聲名卓著的詹姆斯．瓦特，就出生於蘇格蘭格拉斯哥附近的格林諾克。蘇格蘭的大學比起英格蘭，更強調實用的學問，因此在工業革命時能提供符合時代取向的課程。或許瓦特能成功改良蒸汽機，也得歸功於這樣的教育內容。

另外，相較於蘇格蘭人企業家輩出，愛爾蘭人則以勞動階級居多。但希望讀者們不要忘記，蘇格蘭人的企業家和愛爾蘭人的勞工，兩者對推動工業革命的進程都有功勞。

受雇的外國人和蘇格蘭人

蘇格蘭人選擇移居的地方不只局限於大英帝國內部，就連位於極東的島國上，都可以發現蘇格蘭人的身影。

雖然前面說過，蘇格蘭人出了不少企業家，但如果從全體人口來看，這些人不過是鳳毛麟角般的存在。對於並非企業家的許多蘇格蘭人來說，想在英國國內提高自己的社會地位並非易事。

事實上，英國的公務人員都是英國國教徒，但蘇格蘭人大多屬於長老教會，因此蘇格蘭人經常因為所屬教派不同而受到歧視。

蘇格蘭人會來到日本，不只和宗教因素有關，豐厚的報酬也是一大誘因。當時日本因為經歷了兩百多年的鎖國，明治維新以來，不僅在科學技術面，還在社會制度和教育制度等不同領域遠遠落後於歐洲。因此當時的日本政府以高規格的待遇來聘請「洋大人」，希望借助他們的力量快速地協助日本完成近代化的目標。

在受雇於日本政府的洋人中，有相當多是蘇格蘭人。當然，當時的日本人也分不出誰是英格蘭人誰是蘇格蘭人，因此將兩者都視為「Engelsch」[12]（英國

12 譯注：根據《大辞林 第三版》、《デジタル大辞泉》的內容，エゲレス（Engelsch）為近世時期英國的稱呼，日本主要用於江戶時代。

人）。

正因如此，當時到底有多少受雇於日本政府的蘇格蘭人，今人無法掌握正確的數字。但正如圖11.2所示，在所有外國雇員中，「英國人」所占的比例是最高的。一八七四年（明治七年）時，日本雇用外國人的人數達到最高峰，而英國人總是占據第一名的寶座。有一說認為，蘇格蘭人應該占了「英國人」的半數。

當時雇用「英國人」最多的公家機關是工部省。一八七二年時日本政府雇用外國人的總數為二百一十三人，其中工部省就占了一百一十九人，而「英國人」的人數高達一百零四位。

「英國人」主要從事和鐵路及通訊方面相關的工作。一般認為，蘇格蘭技師在日本的鐵道鋪設上貢獻甚多。格拉斯哥（Glasgow）是當時英國的第二大工業城，可以想見蘇格蘭能提供的技術水準是有目共睹的。蘇格蘭人對日本的鐵道發展產生巨大的影響，是不證自明的。

例如有一位叫湯瑪士．布雷克．哥拉巴（Thomas Blake Glover）的蘇格蘭人，他為世人所知，是因為創立了怡和洋行（Jardine Matheson）在長崎的代理商「哥拉巴洋行」。哥拉巴是最早將蒸汽火車引進日本的人，並在長崎試營運了八英里的蒸汽火車。

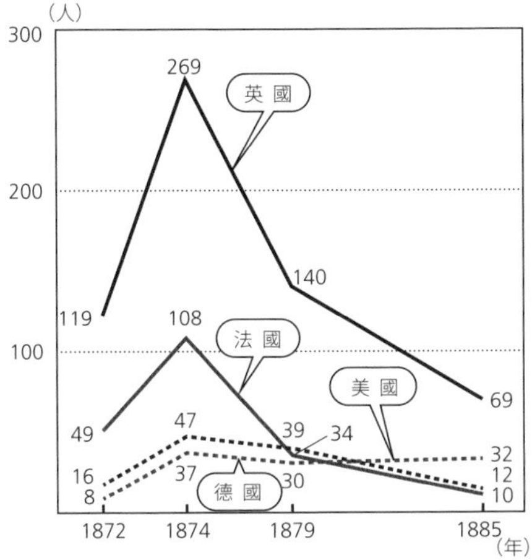

圖11.2　不同國籍外國雇員的人數推移

出處：根據《お雇い外国人─明治日本の脇役たち》，梅溪昇，講談社学術文庫，2007年，頁233的內容做成。

蘇格蘭人對日本的貢獻不只在技術部門，例如蘇格蘭人亞歷山大·夏特（Alexander Shand）首先在蘇格蘭的銀行工作，之後受聘日本，於一八七二年九月成為大藏省紙幣寮的附屬書記官。夏特不但在普及銀行簿記上盡心盡力，還參與了日本銀行的設立。

在日俄戰爭爆發前，幫助高

橋是清[13]在倫敦發行外債的，也是當時已經回到英國的夏特。如果沒有夏特的話，或許日本在日俄戰爭終將無法勝出。蘇格蘭人在日本近代化的過程中，真的是留下了濃墨重彩的一章。

大英帝國崩壞的話會發生什麼事？

在日本以外，正如我們已經知道的，蘇格蘭人移居到大英帝國領土之內的許多地方。除了美國、加拿大，蘇格蘭人在印度的東印度公司工作，他們移居地點甚至遠達紐西蘭和澳洲。

從蘇格蘭和英格蘭合併的一七〇七年之前開始，蘇格蘭人就已經以北海、波羅的海為中心，移民到歐洲各地。如果沒有蘇格蘭的傭兵，十七世紀時歐陸上發生的戰爭，恐怕也無法持續下去。

在蘇格蘭成為英國的一部分後，蘇格蘭人依舊積極前往各地的殖民地，成為出自大英帝國主要的移民構成之一。

過去，蘇格蘭並不是一個富裕的國家，蘇格蘭人移居世界各地的殖民地，有多數人選擇在當地謀求更富足的生活。蘇格蘭人藉由巧妙的利用大英帝國，獲取自己的利益。

如果蘇格蘭人不是和英格蘭人一起前往日本，要成為活躍於日本的外國雇員應該是相當困難的。讀者們應該要知道，正因為有大英帝國的存在，蘇格蘭人才能在世界各地發揮自己的所長。

今日大英帝國已不存在，由蘇格蘭和英格蘭共同組成英國這個國家所帶來的優勢已越來越少。對蘇格蘭來說，強化和歐洲大陸之間的紐帶，是對自己比較有利的選擇。

13 高橋是清（一八五四—一九三六），生於江戶時代，曾任日本銀行的總裁和大藏大臣，並於大正十年（一九二一）時成為日本首相。於二二六事件中遭到暗殺。

像這樣的構造雖然在英國的例子上看得特別明顯，但其實在其他歐洲國家中，同樣也有程度不一但類似的狀況。尤其是在曾經採取帝國主義政策、擁有殖民地的國家之中，會把利益分享給國內的少數民族，以求國家的統一。

然而當失去了利益之後，少數民族爭取獨立的動機就會增強。西班牙加泰隆尼亞的獨立運動，就是其中一個例子。目前歐洲所面臨的諸多問題的根源，有很多就存在於這樣的架構內。

第十二章　歐洲人為何前往殖民地？

全球化時代

全球化，顧名思義就是將世界一體化。雖然全球化起源於何時，或許很難得出一個明確的時間點，但如果將全球化放在世界經濟一體化之下來看，十九世紀是一個沒有爭議的答案。

歐洲從十九世紀開始，在世界範圍內建立起自己的殖民地，並從而支配著全球的運輸網絡，而其中居於核心位置的正是英國。殖民母國透過強化和殖民地之間的紐帶，快速地把這個世界縮小了。

關於十九世紀時的全球化，由奧佛克（O'Rourke）和威廉森（Williamson）合著的《全球化及其歷史》（暫譯，*Globalization and History*），堪稱最具影響力的作品。他們認為由英國推動的開放經濟（open economy）和與之相伴的大量移民，是讓世界成為一體化的主要原因。

圖12.1的內容顯示了一九一三年時，歐洲和歐洲殖民地的範圍。透過這張圖可以了解到，歐洲當時是多麼強大地支配著世界。

十九世紀時，歐洲支配的地區大幅增加。當時歐洲正經歷工業革命，殖民地成為初級產品的輸出地，這些原物料搭乘歐洲的船隻銷往歐洲。到了歐洲後，歐陸國家將初級產品加工為工業製品，再賣回殖民地。

和現代社會不同的是，殖民地內是沒有設立工廠的。殖民地的地位除了被貶抑為初級產品的供應地，還被歐洲國家視為自己的市場。

過去歐洲和殖民地之間的關係正如前面所述。歐洲人是為了治理當地，以及透過經濟活動來獲取利潤，才會留在殖民地。

另外，歐洲人為了追求更高的薪資待遇，除了移民至美國，還移居到十九世紀為止才獨立出來的國家，如墨西哥、巴西和阿根廷等。

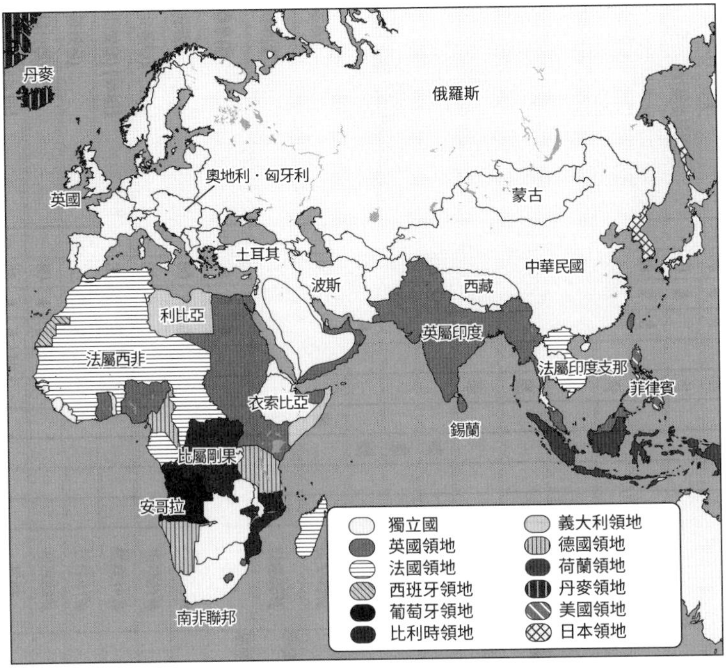

圖12.1　第一次世界大戰爆發時的歐洲與其殖民地

讓歐洲人能如此輕易地完成在各地之間的移動，當然是因為蒸汽船的問世。當時人類的移動方式，在很短的時間內從帆船變為蒸汽船，並藉由不斷改良蒸汽引擎，導入提高運輸效率的方式。

因為這樣所帶來的衝擊，明顯地反映在世界上不同商品的價格差異上。例如在利物浦—孟買間，棉的價差在一八五七年時為五七%，到了一九一三年時則為二〇%。

同一時期倫敦—加爾各答間，黃麻（jute）的價差從三〇%，縮小到四%。蒸汽船和鐵路的發達，讓運輸成本大幅下降。

正因如此，勞動者可以更容易在世界各地移動。在帝國主義時代，大批歐洲人主要選擇新世界作為移居地點。

發達的蒸汽船

根據目前的研究指出，直到十八世紀為止，歐洲船在速度上並沒有太大的差異。直到進入十九世紀，才終於成功提升了船速。

然而，船隻的速度獲得提升，並不等於能確實讓船早點抵達港口。例如容易受到風向和天候影響的帆船，就算提高了船速，也無法保證所需要的航行時間。

但是蒸汽船就不一樣了，它不像帆船那樣容易受到風向和天候的影響，因此

第一次載客運行成功的蒸汽輪船「克萊蒙特號」(Clermont)

大幅提升了航行的信賴度。「定期航路」的增加，和蒸汽船的成長息息相關。

所謂「定期」，意味著「按照預期」、「依照時間」來航行。這是航行信賴度高的蒸汽船才能做到的事。隨著技術的發展，定期航路的距離也不斷延伸。

到了十九世紀後半葉，進行遠洋航海時，蒸汽船的使用頻率已遠高於帆船。例如進出英國港口的英國籍船隻中，蒸汽船的比率在一八六〇年時為三〇・一%，一八七〇年時為五三・

二%，一八八〇年時為七四．九%，一八九〇年時為九〇．八%，比率上升的速度驚人。

另外，航海所需的天數也明顯減少。若拿一八二〇至一八七〇年代間巴西（里約熱內盧）—英國（法爾茅斯／南安普敦）間訊息傳遞的速度來比較，會發現一八二〇年時需要六十二．二日，但到了一八七二年時，則大幅縮短為二十天。

亞洲也受到這波風潮的影響。中國近代史專家松浦章指出，十九世紀前半葉，當英國的蒸汽船航行到上海之後，蒸汽船的影響力便逐漸擴散開來。

鴉片戰爭結束後，於一八四二年簽訂的《南京條約》中規定，廣州、福州、廈門、寧波、上海等五個港口必須開放，在此之後戎克船的使用頻率大幅減少。而中國和暹羅的貿易中，使用蒸汽船的次數卻在增加。

若拿戎克船和蒸汽船相比，前者一般來說體型較小。而且因為戎克船為帆船，所以容易受到風的影響，無法做到規則性的航行。

清廷於一八七二年時創立了中國自己的汽船公司——輪船招商局，日本則在一八八五年創設了日本郵船會社。這兩間公司為當時亞洲的汽船公司雙雄，並和歐美的公司競爭。

之後，航行於上海和杭州之間的舊式民船（帆船）也被小型汽船取代，內陸河川也可以行駛蒸汽船了。這個結果直接導致物資的運送量增加，運送所需要的天數大幅減少。戎克船（帆船）雖然依舊存在，現在也還能看到它們的身影，但徹底改變東亞物流的，必然是蒸汽船。

歐洲人為何移居到新世界？

十八世紀後半葉發軔於英國的工業革命，在進入十九世紀後便影響到歐洲大陸上的國家，並從此對世界產生深遠的影響。

歐洲隨著工業的發展，勞工們能在更多地方一展長才，長期來看薪水待遇也

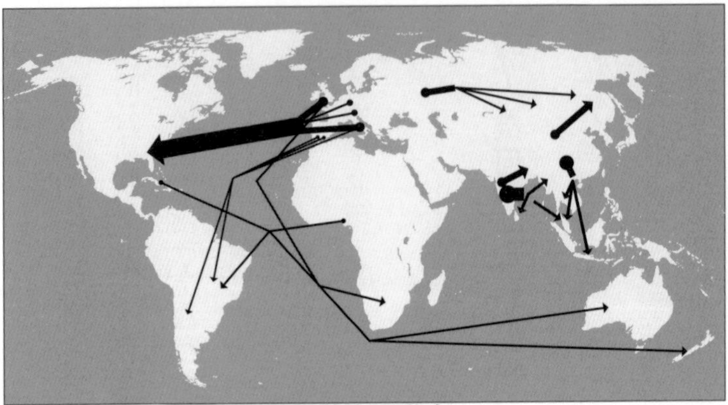

圖12.2　國際勞動人口移動的主要動向

出處：根據〈近代世界システムと人間の移動〉，《岩波講座　世界歷史19　移動と移民》，杉原薰，岩波書店，1999年，頁11的內容做成。

獲得改善。然而不可否認，社會上還是存在著許多貧苦的人們。對這些人來說，為了謀求更高的收入，除了前往新世界似乎也沒有更好的選擇。

圖12.2為一八二〇至一九四〇年間，國際上勞動人口的主要流動方向。如圖所示，從歐洲前往美國的移民數量最多。

根據某種計算方式可以得出，從一八二〇至一九一四年間，約有六千萬人前往新世界。十九世紀初葉，勞動人口的自由移動仍屬罕見，一八二〇年代間，每年的人數不過只有一萬五千三百八十人而已。對比於這個數字，奴隸的運送量則為六萬零二百五十人。

但是到了一八四〇年代，光是自由移動的勞動人口，每年就高達十七萬八千人。從一八四六年開始的三十年間，從歐洲前往各大陸（不限於新世界）的移民數量，每年平均高達三十萬人。

前面曾經說過，歐洲人會想移居到其他地方，不外乎是為了謀求更好的薪資待遇。舉例來說，移居到美國的愛爾蘭人、義大利人和挪威人的薪水，分別提升了三二%、二八%和一〇%。

從結果來看，一八七〇至一九一〇年間，國際上的實際薪資差異，縮小了二八%。如果沒有這些大量移民，薪資的差異在一九一〇年時，推估應該高達一二八%。在一八七〇至一九一〇年間，讓實際薪資差距縮小的功勞，主要非這些移民莫屬。

過去，移民們前往新世界時所需的交通成本，是由那些更早之前就已移居過去的移民來負擔。這些移民前輩們慷慨解囊，幫助他們認識的人支付移動的費用，並提供關於新世界的相關資訊。像這樣由老移民推動新移民的系統，歷史學者稱之為「連鎖移民」（Chain Migration）。

隨著工業革命的推進，十九世紀的歐洲確實已經富起來了，但工業革命帶來的影響仍然只限於局部地區，若非如此，也不會出現這麼大量的移民。歐洲工業化所帶來的恩澤，絕非雨露均霑。

另外，當時接受大量移民的美國，其實正有勞動力短缺的問題。對於那些希望減少勞工人數、也沒有打算提高工資，只願意維持現狀的歐洲經營者來說，美國真是一個理想的勞動力輸出地。

就這樣，歐洲成功將低薪勞動人口以移民的方式送出去。對於大量接受移民勞動力的南、北美洲，特別是美國，從中獲得了巨大的利益。

然而，因為從歐洲來的移民是白人，所以在待遇上也較佳。如果是來自亞洲的移民，可就沒有他們這麼幸運了。

就算是南北戰爭結束，黑奴獲得解放的一八六五年後，中國人還是被當作廉價勞工來利用。隨著印度人移民的增加，因為他們比歐洲白人移民的勞動價格更為低廉，成為取代黑奴的重要勞動力來源。

英國國內的狀況

最後，讓我們更具體的來思考一下，是哪些歐洲人會移居到以美國為主的新世界。

例如最早完成工業革命的英國，在十九世紀中從農業社會轉型為工業社會。但就算是在工業化、都市化的社會中，女性所能從事的職業，仍然受到相當多的限制。

其中，女家庭教師（governess）是中產階級女性可以從事（且不會受到歧視）的少數工作之一。根據研究女家庭教師的學者川本靜子表示，在十九世紀中葉的英國，提到女家庭教師，就會讓人想到以教師的工作來餬口的女士（lady）。

根據一八五一年的人口調查，女家庭教師人數為兩萬一千人，一八六五年時的人口調查則為兩萬五千人。這份工作的薪水稱不上優渥，和女管家（housekeeper）相差無幾。因為女家庭教師並沒有受過教師的專業訓練，所以經常還得做些幫孩子們縫補衣服的差事。所以從現實面來看，她們像是家庭教師和保母的混合體。

但因為女家庭教師是一個體面的工作，所以許多女性勞動者相當珍惜這個機會。更重要的是，她們在社會中可算得上是個Lady呢。在階級森嚴的英國社會中，女家庭教師是極少數能被看作Lady的職業。然而女家庭教師的薪水絕不優渥，有人甚至認為其薪水之低，早已臭名遠播。但不論如何，也不會改變女家庭教師是Lady的事實。

在一八四八至一八五三年間，隨著更多女子中等教育機構的設立，想擔任女家庭教師的門檻也提高了。無法達到基本要求的女性，變得很難在英國國內執業。

然而因為英國是個在全世界都擁有殖民地的大帝國，因此在進入一八六〇年代後，許多女性前往大英帝國的殖民地如澳洲和紐西蘭這些地方，從事女家庭教師的工作。這些人不用說，都是在英國國內無法繼續做女家庭教師的人。

前文說過，在英國本土生活難以為繼的人們會往殖民地移動。從十八世紀起，這些人陸續前往北美殖民地等地方。有些年輕人離開自己的原生家庭前往新大陸，直到結婚為止都在別人家裡工作。有些人來到印度並在那裡發了大財，然後以大富豪（nabob，印度土豪）的姿態衣錦還鄉。

和這些人一樣，作為女性勞動者代表的女家庭教師，也渡海前往澳洲和紐西蘭等大英帝國的殖民地。當英國的帆船時代走向尾聲時，蒸汽船載著人們往紐、澳移動。蒸汽船的穩定性讓這些地區的定期航路成為可能，就算目的地在遙遠的大洋彼岸，也變得容易抵達。

美國的興起

女家庭教師之所以能夠移居到不同的殖民地，原因正如前章所介紹過的蘇格蘭人一樣，都有賴於英國作為一個幅員橫跨世界不同區域的大帝國。

其實不只是英國，像法國、德國、西班牙、葡萄牙、荷蘭等，在世界上握有殖民地的其他歐洲國家也能做到相同的事。

這些國家把在國內過著貧困生活的人送往殖民地，以保持國內政治的安定。然而這種做法，只是把許多國內需要解決的問題推給殖民地而已。等到第一次世界大戰結束，殖民地的獨立意識開始抬頭後，這樣的系統就開始動搖了。

之後在歷史上取代歐洲崛起的國家正是美利堅合眾國。美國和歐洲很大的不同之處在於，不論是工業革命或造船業所需的資源，美國幾乎能在國內自給自足，而這也是美國繁榮的原動力。

此外，美國因為國土廣袤，人口密度卻很低，所以可以吸收相當多的勞動人口。正因如此，才會吸引這麼多來自歐洲的移民。而美國也將他們的能量轉化為自己國家的力量。

當我們用「移民」的觀點來看歷史時，世界史的主角從歐洲轉為美國，可說是一種必然的結果。

第十三章　世界史中的歐洲移民問題

由帝國主義劃分的世界地圖

讓我們再度回顧上一章的圖12.1，讀者們是否對於一九一三年時歐洲諸國在世界上竟然擁有這麼多殖民地而感到震驚呢？

圖中所描繪的，僅為實際受到支配的領地，如果是受到政治和經濟所影響的地區，則更是遠遠超過實際的支配範圍。

和圖12.1相較，圖13.1是一八〇〇年時的世界地圖。如果把這兩張圖拿來做比較就能發現，歐洲在十九世紀帝國主義的時代是如何快速地在亞洲和非洲推行殖民地化。

帝國主義時代，是歐洲（進一步來說還得算進美洲）對世界強取豪奪的時

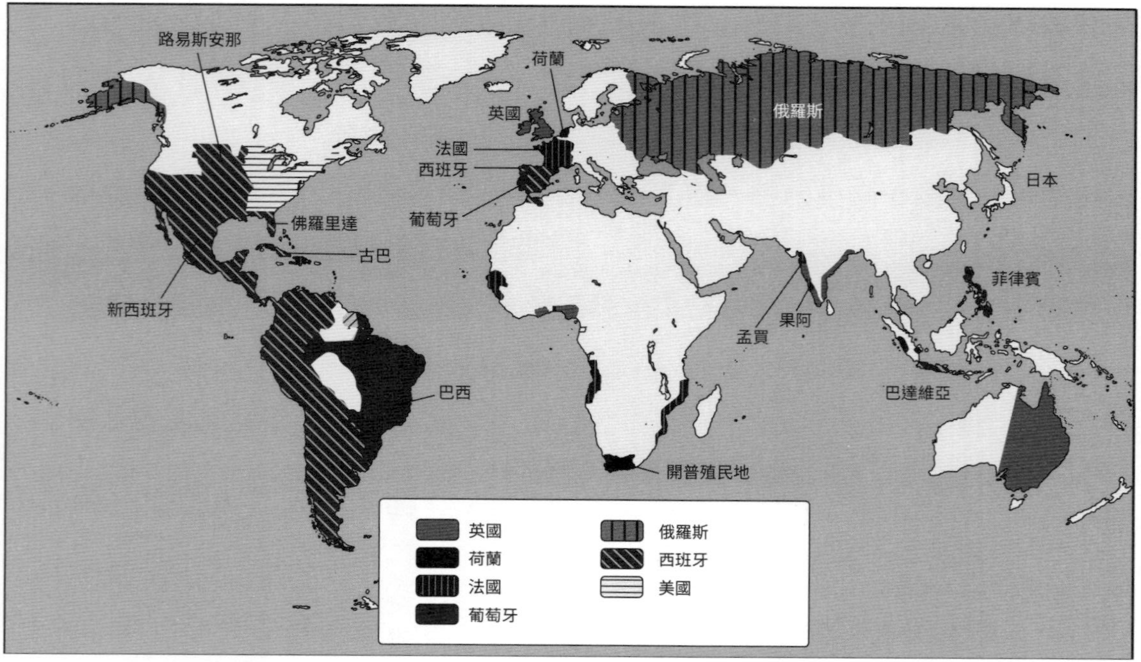

圖13.1　1800年時的殖民地分布

代，這個詮釋應該沒有爭議。那時歐洲的工業製品裝載在歐洲（尤其是英國）的蒸汽船上，運往世界各地販售。

而供應歐洲初級產品的地區是亞洲和非洲，有時還有中東國家。歐洲從十九世紀開始到第一次世界大戰為止的這一段時間內，就是在這樣的架構下，支配著全世界。

在歐洲支配全球的過程中，不同國家常常為了自己的利益，任意畫出國界線。然而此舉卻幾乎沒有考慮到原本住在當地的民族，或不同民族之間的關係。歐美列強完全從自己的國家利益出發，制定出殖民地和世界其他地區的國界線。

這種做法，一時之間看似取得了表面上的成果。

難民大量前往歐洲

「移民」問題占據了現代社會問題中的一大部分，而這個問題的根源可以追溯至歐洲的帝國主義。作為帝國主義的負面遺產，除了歐洲以外，全世界也深受其害。

當然，現今大量湧向歐洲的移民，並不全然來自過去的殖民地。因為對大部分過去的殖民地來說，歐洲實在太遠了。

但也有像阿爾及利亞這樣，過去的殖民母國法國就近在咫尺。因此有許多人經由馬賽移居到法國，而且人數相當龐大。

然而占移民人數最多且實際造成問題的，當然就是「難民」了。目前從二〇一四年起陸續來到歐洲的難民中，還有一百八十萬人留在歐洲境內，這已成為世界性的問題。

從年分和數字來看，二〇一四年為二十多萬人，二〇一五年為一百多萬人，二〇一六年稍微少於四十萬人，二〇一七年稍微少於二十萬人。為數驚人的難民湧向歐陸。

德國是歐洲接納最多難民的國家，之後依序為匈牙利、法國、義大利和瑞典。難民的出身國家，由多到少依序為敘利亞、阿富汗、伊拉克、巴基斯坦、伊朗和奈及利亞。

難民由陸路和海路前往歐洲。圖13.2、13.3將二〇一五年歐洲移民危機的相關資訊做了整合。透過圖中的內容可以發現，難民們經由土耳其的陸路和從非洲出發的海路前往歐洲。

本章將分析難民的出身國家和歐洲在歷史上有什麼樣的關係，並以巴爾幹半島和中東諸國為主進行論述。

帝國主義國家的算計

正如前面所述，這裡舉出的難民出身地區，在過去只有一部分是歐洲的殖民地，然而這些地區同樣也沒逃過帝國主義的蹂躪。

從十九世紀末至二十世紀初期，俄羅斯因推行南下政策，開始染指黑海沿

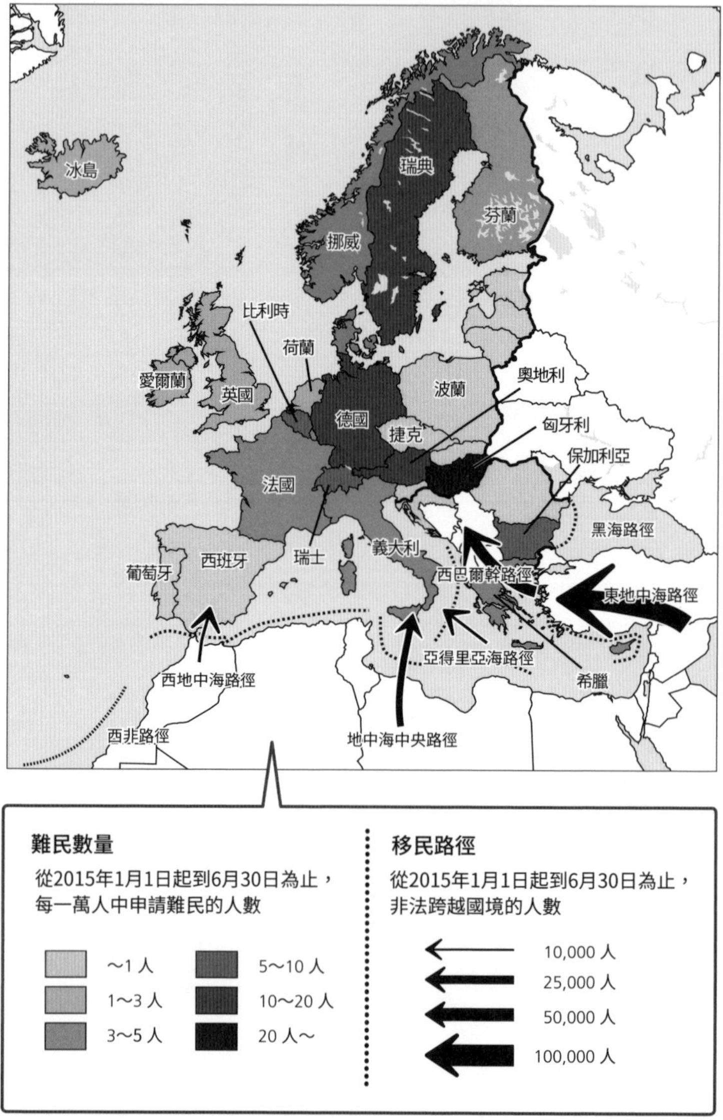

圖13.2　難民進入歐洲的路徑和數量

出處：根據http://commons.wikimedia.org/wiki/File:Map_of_the_European_Migrant-Crisis_2015.png 的資料做成。

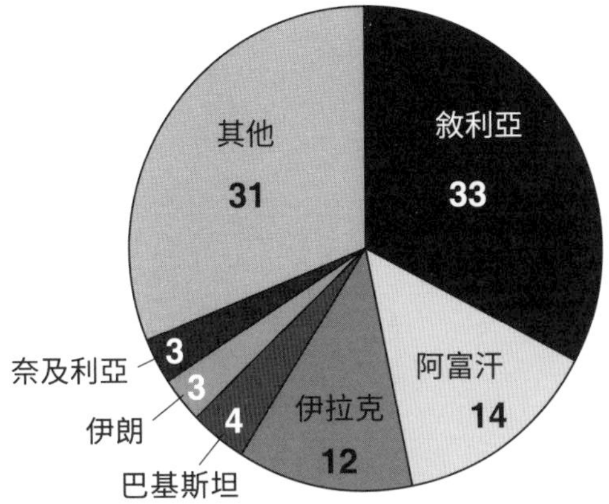

圖13.3　歐盟(EU)二十八個國家中，第一次申請難民的人數分布

該圖表示從2016年1月起到6月30日為止，全體的所占比率。出處：*The EEAG Report on the European Economy*, "Immigration and the Refugee Crisis－Can Europe rise to the Challenge？" CESifo, Munich 2017,pp.82-101.

岸，以及從東地中海到中東一帶的地區。除此之外，俄國還更進一步嘗試從高加索進入伊朗、中亞的土耳其斯坦、阿富汗和印度等地，導致俄國和英國發生嚴重的利益衝突。

當時英國的帝國主義高舉「3C政策」，內容主張要用鐵路把南非的開普敦、埃及的開羅和印度的加爾各答連結起來。然而從開普敦到開羅之間的區域，讓英國和法國發生摩擦。而從開羅到加爾各答的鐵道路線，又和德國在「3B政策」中欲建立一條柏林—拜占庭（伊斯坦堡）—巴格達的鐵路計畫產生對立。

就這樣，巴爾幹半島以及從中東到中亞一帶成為歐洲帝國主義勾心鬥角的地區。之後爆發的塞拉耶佛事件，為第一次世界大戰揭開序幕。

從十九世紀末持續到二十世紀初的帝國主義政策，正是今日歐洲難民問題的深層根源。

「歐洲火藥庫」爆發

第一次世界大戰的導火線起因於塞拉耶佛事件，在該事件中奧匈帝國的皇儲夫婦被塞爾維亞裔的青年槍殺了。這場悲劇的背景，是被稱之為「歐洲火藥庫」的巴爾幹半島上複雜的民族問題。

巴爾幹半島在歷史上，有很長一段時間屬於拜占庭和鄂圖曼帝國的領地。區域內的民族複雜多元，而且都生活在龐大帝國的統治之下。

在經歷了從一八〇三至一八一五年的拿破崙戰爭後，世界上開始興起由單一民族建立一個國家的風潮，「民族國家」成為普世的概念被接受並持續發酵。然而在原本就是多民族共存的巴爾幹半島上，民族意識一旦高漲起來，可以預見必定會激化不同民族之間的紛爭。

初期階段，十九世紀時隨著鄂圖曼帝國的衰敗，在民族主義高漲的巴爾幹半島上，國家一個接著一個獨立。到了二十世紀初，半島上只剩下極少尚未獨立的區域。

其中，在主張斯拉夫民族的一體性，提倡泛斯拉夫主義的俄國支援下，一九一二年十月時，塞爾維亞、蒙特內哥羅、保加利亞、希臘等國組成了巴爾幹同盟（Balkan League）。接著在和鄂圖曼帝國宣戰後，展開了第一次巴爾幹戰爭。

而在鄂圖曼帝國背後，則有德國為其撐腰，高舉泛日耳曼主義的奧匈帝國，兩大陣營之間發生激烈的衝突。雖然巴爾幹同盟贏得了第一次巴爾幹戰爭的勝利，但在戰後處理上巴爾幹同盟內因互不相讓，導致了一九一三年時，在保加利亞爆發了第二次巴爾幹戰爭。

第二次巴爾幹戰爭後，日後產生許多流離失所難民的科索沃阿爾巴尼亞人居住區，遭到塞爾維亞及蒙特內哥羅的瓜分。

造訪塞拉耶佛的奧匈帝國皇儲伉儷，就是在這樣的狀況下，遭到塞爾維亞青年暗殺的。在歷史背景之後，充滿了各路人馬的算計。

前面說過，奧匈帝國背後有德國當靠山，塞爾維亞也有老大哥俄羅斯撐腰。德國和奧匈帝國以及義大利組成三國同盟，俄羅斯則和英國及法國共組三國協商。此時的巴爾幹半島，成為帝國主義諸國之間爆發衝突的最前線。

南斯拉夫內戰的傷痕

巴爾幹半島原本就是一個多民族聚居的區域，是一個統治起來相當不容易的地方。

第二次世界大戰結束後，波士尼亞與赫塞哥維納之所以能維持在一個相對和平的狀態，有賴於狄托（Tito）這樣一位具有領袖氣質（charisma）的強人領導下，將波國穩定在南斯拉夫共和國之中。

然而在狄托過世之後，正如世人都能預料到的，南斯拉夫這個由六個共和國所組成的多民族聯邦國家，再度陷入民族紛爭的泥淖裡。

南斯拉夫於一九九〇年進行大選，選舉結果否定了維持聯邦制。一九九一年六月，斯洛維尼亞和克羅埃西亞宣布獨立後，南斯拉夫即陷入內戰狀態。

之後於同年九月，馬其頓宣布獨立。隔年三月，波士尼亞與赫塞哥維納雖然也宣布獨立，但在其境內還存在著謀求獨立的穆斯林和克羅埃西亞人勢力。其他還有反對獨立的塞爾維亞人。總之這是一個民族構成極其複雜的地區。

一個波士尼亞與赫塞哥維納的獨立宣言，就足夠成為引發波士尼亞戰爭（波赫戰爭）的引信。至此，舊南斯拉夫已陷入完全失控的狀態。

這場內戰最後發展到北大西洋公約組織（NATO）派出軍隊，對塞爾維亞人勢力進行空襲的大規模軍事行動。據估計，這場內戰中的犧牲者約有二十萬人，成為難民和離開家園的人們總計達到兩百萬人。這場戰事直到一九九五年十二月，在巴黎簽下了正式的協定後才算結束。

科索沃難民是民族問題的縮影

目前仍然有許多難民的科索沃地區，也在上述一連串問題的延長線上。在南斯拉夫解體之後，新成立的國家如雨後春筍般獨立，科索沃地區要求自治的運動也愈發高漲。

科索沃的人口約有一百六十萬人，其中雖有一三％為塞爾維亞人，但阿爾巴尼亞人卻占了七八％的絕對多數。當對阿爾巴尼亞人採取懷柔政策的狄托過世後，科索沃境內的不滿也就如潰堤般爆發出來。而這也和一九八一年時於科索沃爆發的大規模暴動有關。

為了解決科索沃問題，南斯拉夫總統米洛塞維奇在一九九八年時，出動了塞爾維亞的治安部隊，讓企圖消滅科索沃解放軍的行動再次浮上檯面。

紛爭結束後，科索沃雖然置於聯合國的管理下，但它的地位直到二〇〇八年為止依然沒有定論。但是到了二〇〇九年，當塞爾維亞向歐盟提交加盟的申請時，歐盟以塞國必須和科索沃改善關係為條件，使塞爾維亞和科索沃之間對改善關係有了共識。

然而在塞爾維亞的憲法中，科索沃目前仍是塞爾維亞的一部分，並非獨立的國家。目前雖然世界上承認科索沃獨立的國家較多，但不承認的國家也不在少數，這就成了一個很大的懸案。

另外在科索沃，阿爾巴尼亞人攻擊塞爾維亞人的事情依然時有所聞。在這樣的狀況下產生的科索沃難民，相當程度象徵了仍然殘留在巴爾幹半島上的民族問題。

阿爾巴尼亞是另一個，因國內嚴重的民族問題，而產生許多往歐洲移動的難民。

阿爾巴尼亞國內有半數以上的人口為穆斯林，這點和其他屬於舊南斯拉夫的國家相當不同。該國因面向亞得里亞海，只要經由海上路徑就可以輕鬆地前往義大利。

一九三九年時，義大利的墨索里尼占領了阿爾巴尼亞，從一九四三年起該國轉而在德國的支配下。直到一九四六年，阿爾巴尼亞人民共和國才再次獨立。阿國雖然採行社會主義體制，但因為經濟封閉，所以和其他社會主義國家之間的關係較弱，獨立之後國家一直處於舉步維艱的狀況。

到了一九九一年，社會主義體制終於瓦解了。然而因為經濟情勢的惡化，想渡海移居到義大利的人們，一口氣湧入瀕臨亞得里亞海岸邊的港口。但就算這些人真的抵達了義大利，義大利政府也不允許他們入境，因此產生了許多問題。

敘利亞的難民問題

接著我們把目光移向中東。敘利亞在很長一段時間內，受到鄂圖曼帝國的統治。但隨著第一次世界大戰的結束，鄂圖曼的支配力量減弱，想要在大馬士革成立阿拉伯政府的費薩爾一世（Faisal I），出席了一九一九年時舉行的巴黎和會，希望能在會上得到其他阿拉伯國家的承認。

然而英國和法國首先拒絕了他的想法，而且由威爾遜提出的民族自決原則，也不適用於阿拉伯地區。但隨後於一九二〇年三月時，費薩爾一世宣布阿拉伯敘利亞王國成立，並由自己擔任國王。可是就在同年四月，英、法等第一次世界大戰中的戰勝國在聖雷莫會議中，決議瓜分阿拉伯敘利亞王國，並同意委任英、法兩國來治理。

到了同年七月，法軍對大馬士革進行攻擊，將費薩爾驅逐出去。之後原本屬於阿拉伯敘利亞王國的敘利亞地區，從一九二〇年起由法國進行委任統治。約旦和巴勒斯坦地區，則由英國治理。

當時法國為了壓制在敘利亞境內占多數的遜尼派穆斯林勢力，利用了遜尼派和什葉派及基督徒之間存在的宗教對立。在這樣的結構下，宗教對立成為日後引發內戰的導火線。而這種結構依然持續至今，讓敘利亞產生這麼多難民。

二〇一一年時，發生於阿拉伯世界各地，要求民主化的「阿拉伯之春」運動也影響到敘利亞。當時的阿薩德政權，因鎮壓各地的示威遊行活動，讓敘利亞陷入了內戰狀態。之後，反政府派、伊斯蘭國（ＩＳ）的成立及俄羅斯介入等，都造成敘國內部一片混亂，死亡人數更攀升至三十萬人以上。敘利亞的人口為兩千兩百四十萬人，目前難民的人數已突破五百萬之眾，整個國家處於非常狀態中。

伊拉克和科威特之間的糾葛

談到伊拉克時，雖然不能否認海珊政權是造成局勢動盪的直接原因，但我們也應該知道，在一九二一年時，英國把和伊拉克關係深厚的科威特分離出去，成立了伊拉克王國，並把費薩爾一世扶上王位。這些事情都為日後中東混亂的局勢埋下了伏筆。

為了方便進出波斯灣，英國在一八九九年時將科威特收為保護國，並在一九一三年時納為自己的保護領地。第一次世界大戰結束後，伊拉克和科威特都成為了英國的殖民地。

雖然伊拉克於一九三二年時從英國獨立了，但或許是因為當時伊拉克主張科威特是自己的國土範圍，因此兩國之間並沒有劃定明確的國界線。當一九六一年，科威特從英國的保護領地獨立時，伊拉克也曾宣布「科威特是伊拉克的一部分」。

雖然我們絕不允許發生在一九九〇年、後來成為波斯灣戰爭導火線的海珊政權對科威特的侵略行為，但從伊拉克的角度來看，他們根深柢固地認為科威特是自己的領土。

歐美列強在帝國主義時代，全憑自國的利益考量，擅自劃定了許多中東國家的國界線。當時歐美列強或許完全沒有意識到，這麼做會對之後的時代產生多麼巨大的影響。伊拉克和科威特之間的國界線問題，就是一個明顯的事例。

如果當初英國對待伊拉克和科威特的方式能夠更謹慎一些，或許之後中東的紛爭就會少一些，波斯灣戰爭也可能就不會發生了。而波斯灣戰爭的爆發，又衍生出難民的問題。

帝國主義帶來的負面遺產

其實嚴格說來，上述許多事情並非全都發生在帝國主義時代，但歐美列強的帝國主義政策絕對難辭其咎。過去在帝國主義時代，歐美列強可以任意支配世界各地的想法，直到今天仍陰魂未散。

帝國主義時代，除了英國之外，法國、德國、西班牙、葡萄牙、荷蘭等歐洲諸國，在世界各地都擁有殖民地。雖然和大英帝國的規模不能相提並論，但這些國家無不建立了自己的帝國。

在這種情況下，伴隨著全球化的進展，殖民母國和殖民地之間的關係，不論在政治和經濟上都緊密連結在一起，人民的雙向移動必然也會日趨熱絡起來。殖民母國為了統治殖民地，會從本國派人前往殖民地，而許多殖民地的人們也會為了追求經濟利益，從殖民地往本國移動。

殖民母國為了謀求本國的經濟成長，會利用廉價的殖民地勞動力。作為世界上擁有最多殖民地的英國，就成了最大的雇主。而在英國國內，也湧入了許多來自殖民地的人民。

這也是英國現在是一個多元民族國家的原因。當然這個現象不只英國才有，也出現在其他歐洲國家中。換句話說，歐洲建立了一個必然會從外部吸引大量移民的系統。

難民問題的棘手之處，和這個由帝國主義建構起來的系統，有著密不可分的關係。目前加盟歐盟的國家共有二十八個，其特色是形成了一個經濟上的單一市場。而且成員國之間的人民，一般來說不需要護照就可以在國與國之間暢行無阻，但這一點也為歐洲帶來難民可以在其內部輕易移動的問題。

許多移民會前往德國，和該國是歐盟中最大的經濟體有關。（西）德國政府也使用來自土耳其，被稱為客籍勞工（gastarbeiter）的廉價勞動力（從現實面來看，從土耳其到德國的人群中，應該有不少是庫德族人）。德國既然已經接納了大量的客籍勞工，要拒絕歐洲地區以外的難民，就顯得難以啟齒。

難民會前往奧地利，和該國過去屬於哈布斯堡帝國的核心地帶，而且又比鄰鄂圖曼帝國有關。另外，從大量的難民前往瑞典一事也可反映出，歐盟在市場統合上已經進展到了什麼程度。

雖然北歐國家希望和西歐國家在某個程度上保持一定的距離，然而瑞典在一九九五年時因經濟情況不佳，只好選擇加入歐盟。而一旦加入歐盟，就意味著難民的到來。單一市場雖然提高了人們的流動性，但也因為如此，本來和難民扯不上關係的瑞典，也開始出現歐洲地區以外的移民。

歐洲的難民問題，是個糾結於歷史、文化深處的一道難題，想找到解決方法並不容易。若從歷史的角度來看，當前的世界和歐洲的帝國主義時代之間，依然存在著明顯的連帶關係。

結語

人類為什麼要移動？雖然這是本書最基本的一個設問，但直到現在為止，依然沒有一個明確的答案。趁著「結語」這一節，我希望能提出一些自己的看法。

不論是哪一種生物，都把傳宗接代當作生存最大的目的。個體雖然必將走向死亡，但卻必須延續自己物種的生命。人類之所以會選擇在多樣的環境中生存下去的戰略，從這層意義上來說是種必然。

人類的故鄉在非洲，那裡是一個相當炎熱的地區，因此有不少人認為，人類原本應該是適合居住在熱帶和亞熱帶地方的物種。然而一旦開始兩足行走後，騰出來的手就可以自由行動。人類穿上了動物的毛皮，開始能在寒冷的地區生活。

人類為何要跨越白令海峽走向美洲大陸？又是為什麼要前往像西伯利亞那樣嚴寒的地方呢？一個合理的結論可能是，人類之所以會往不同的地區移動，是為了在面對各種自然的災難中，還能將自己的物種保存下來的選擇。

如此想來，智人這個物種體內，早已內建了「移民」這個選項。

本書就是在上述的問題意識下，對人類的歷史做了一番爬梳。然而礙於篇幅有限，我不可能對人類歷史中的每個部分做均等陳述，因此選擇聚焦在人類如何移動，以及該行動如何賦予歷史上的意義。

書中所指的「移民」，是將不同族群串聯在一起，傳播文明，推廣新式文化、技術、食物和生活方式的人們。人類生活在不同的地區，正因為有「移民」的存在，才能將棲息在不同地方的同胞們連結在一起。當然我們也不能忘記，像黑人那樣被強制移動的「移民」，他們的犧牲為更多人帶來了豐富的生活。

藉由以「移民」為中心來做分析，可以清楚看見世界各地的歷史如何連結在一起，本書寫作最大的目的在於讓讀者理解這個過程，這也是書名背後的意義。

本書執筆之際，筆者從NHK新書的編輯山北健司先生那裡，得到許多有建設性的意見，特別在此銘謝致意。

參考文獻

・安野眞幸，《教会領長崎──イエズス会と日本》，講談社選書メチエ，二〇一四年
・アンリ・ピレンヌ，《中世都市──社会経済史的試論》，佐々木克巳譯，講談社学術文庫，二〇一八年
・アンリ・ピレンヌ，《ヨーロッパ世界の誕生──マホメットとシャルルマーニュ》，増田四郎監修，中村宏、佐々木克巳譯，創文社，一九六〇年
・岩生成一，《日本の歴史〈14〉鎖国》，中公文庫，二〇〇五年
・印東道子，《島に住む人類──オセアニアの楽園創世記》，臨川書店，二〇一七年
・梅溪昇，《お雇い外国人──明治日本の脇役たち》，講談社学術文庫，二〇〇七年
・応地利明，《トンブクトゥ──交界都市の歴史と現在》，臨川書店，二〇一六年
・海部陽介，《日本人はどこから来たのか？》，文藝春秋，二〇一六年
・川本静子，《ガヴァネス（女家庭教師）──ヴィクトリア時代の〈余った女〉たち》，中公新書，一九九四年
・熊野聰，《ヴァイキングの歴史──実力と友情の社会》，小澤実文献解題，創元社，二〇一七年
・栗田伸子、佐藤育子，《興亡の世界史 通商国家カルタゴ》，講談社学術文庫，二〇一六年
・黒嶋敏，《琉球王国と戦国大名──島津侵入までの半世紀》，吉川弘文館，二〇一六年
・後藤健，《メソポタミアとインダスのあいだ──知られざる海洋の古代文明》，筑摩選書，二〇一五年

・杉原薫「近代世界システムと人間の移動」，《岩波講座 世界歴史19 移動と移民》，頁三至六一，岩波書店，一九九九年
・デヴィド・カービー、メルヤ-リーサ・ヒンカネン，《ヨーロッパの北の海——北海・バルト海の歴史》，玉木俊明、牧野正憲、谷澤毅、根本聡、柏倉知秀譯，刀水書房，二〇一一年
・高橋裕史，《イエズス会の世界戦略》，講談社選書メチエ，二〇〇六年
・高橋裕史，《武器・十字架と戦国日本——イエズス会宣教師と「対日武力征服計画」の真相》，洋泉社，二〇一二年
・玉木俊明，《海洋帝国興隆史——ヨーロッパ・海・近代世界システム》，講談社選書メチエ，二〇一四年
・玉木俊明，《先生も知らない世界史》，日経プレミアシリーズ，二〇一六年
・玉木俊明，《拡大するヨーロッパ世界　1415-1914》，知泉書館，二〇一八年
・玉木俊明，《逆転の世界史——覇権争奪の5000年》，日本経済新聞出版社，二〇一八年
・玉木俊明，《人に話したくなる世界史》，文春新書，二〇一八年
・玉木俊明，《物流は世界史をどう変えたのか》，PHP新書，二〇一八年
・林俊雄，《興亡の世界史　スキタイと匈奴——遊牧の文明》，講談社学術文庫，二〇一七年
・フィリップ・カーティン，《異文化間交易の世界史》，田村愛理、中堂幸政、山影進譯，NTT出版，二〇〇二年
・深沢克己，《商人と更紗——近世フランス=レヴァント貿易史研究》，東京大学出版会，二〇〇七年
・松浦章，《汽船の時代——近代東アジア海域》，清文堂出版，二〇一三年
・家島彦一，《海が創る文明——インド洋海域世界の歴史》，朝日新聞社，一九九三年

· S・R・ラークソ，《情報の世界史──外国との事業情報の伝達1815-1875》，玉木俊明譯，知泉書館，二〇一四年

· T.M.Devine, *Scotland's Empire : The Origins of the Global Diaspora*, London, 2004.

· Takeshi Hamashita, "The Lidan Baoan and the Ryukyu Maritime Tributary Trade Network with China and Southeast Asia, the Fourteenth to Seventeenth Centuries", in Eric Tagliacozzo and Wen-chin Chang (eds.), *Chinese Circulations: Capital, Commodities, and Networks in Southeast Asia*, Durham and London, 2011, pp.107-129.

· Kevin H. O'Rourke, Jeffrey G. Williamson, *Globalization and History: The Evolution of a Nineteenth-Century Atlantic Economy*, Cambridge Mass. and London, 2001.

· Giorgio Riello, *Cotton: The Fabric that Made the Modern World*, Cambridge, 2013.

· Stuart B. Schwartz (ed.), *Tropical Babylons: Sugar and the Making of the Atlantic World*, 1450-1680, London, 2004.

歷史大講堂

移動的世界史：從智人走出非洲到難民湧入歐洲，看人類的遷徙如何改變世界！

2020年11月初版
定價：新臺幣320元

著者	玉木俊明
譯者	林巍翰
叢書主編	王盈婷
校對	馬文穎
內文排版	林婕瀅
封面設計	兒日

副總編輯	陳逸華
總編輯	涂豐恩
總經理	陳芝宇
社長	羅國俊
發行人	林載爵

出版者	聯經出版事業股份有限公司
地址	新北市汐止區大同路一段369號1樓
叢書主編電話	(02)86925588轉5316
台北聯經書房	台北市新生南路三段94號
電話	(02)23620308
台中分公司	台中市北區崇德路一段198號
暨門市電話	(04)22312023
台中電子信箱	e-mail：linking2@ms42.hinet.net
郵政劃撥帳戶第	0100559-3號
郵撥電話	(02)23620308
印刷者	文聯彩色製版印刷有限公司
總經銷	聯合發行股份有限公司
發行所	新北市新店區寶橋路235巷6弄6號2樓
電話	(02)29178022

行政院新聞局出版事業登記證局版臺業字第0130號

本書如有缺頁，破損，倒裝請寄回台北聯經書房更換。 ISBN 978-957-08-5640-8 (平裝)
聯經網址：www.linkingbooks.com.tw
電子信箱：linking@udngroup.com

國家圖書館出版品預行編目資料

移動的世界史：從智人走出非洲到難民湧入歐洲，看人類的遷徙如何改變世界！/玉木俊明著．林巍翰譯．初版．新北市．聯經．2020年11月．248面．14.8×21公分（歷史大講堂）
ISBN 978-957-08-5640-8（平裝）

1.世界史 2.移民史

711 109016104